リベルタス学術叢書 9

新版 哲学入門

カール・ヤスパース

林田新二【訳】

目次

1　哲学とは何か

哲学をめぐっては議論が定まっていない

哲学とは何でありいかなる価値をもっているかという問題については、議論が定まってはいない。哲学は、たいへんな真理を開示するものだと期待されることもあれば、逆に空虚な思惟として冷淡に見捨てられることもある。哲学は、特異な人間による有意義な努力として畏敬の念をもってみられることもあれば、夢想家による余分な詮索として軽蔑されることもある。それはあらゆる人にかかわりをもつがゆえに根本的には単純で理解しやすいものでなければならないと考える人もあれば、きわめて難解であるから哲学にたずさわる望みはないと考える人もある。哲学という名前で知られている事柄については、実際にこれほどに相反する評価を示すいくたの例があげられるのである。

科学と哲学

科学を信ずる人にとっては、哲学には普遍妥当的な成果がないということ、つまり、われわれに知られかつ知として所有できるものがないということが、最も具合の悪いことなのである。科学はおのれの領域において、異論なく確実で普遍的に承認される認識を獲得してきたが、一方、哲学は、数千年にわたる努力にもかかわらずそうした認識には到達していない。哲学に窮極的な知識内容の一致が存在しないということは否みがたい事実である。異論のない根拠に基づいてあらゆる人が承認する事柄は、この承認によって科学的認識となったのである。それはもはや哲学ではなく、認識可能なものという特別の領域にかかわるものなのである。

また哲学的思惟には、科学のような、進歩の過程という性格はない。われわれはたしかに、古代ギリシアの医者ヒポクラテスよりもはるかに多量の〔医学的〕知識をもっているが、しかしプラトンよりすぐれていると言うことはできまい。利用している学問的知識の素材という点でのみわれわれの方がプラトンにまさっているのであって、哲学することそのものという点では、われわれはおそらくなおプラトンの境地に達してはいないであろう。

科学の場合とは異なり、どのような形態の哲学も万人の一致した承認を得ることができないという事情は、哲学ということがらの本性上やむをえないことである。哲学において獲得される確信のあり方は、科学的な確信、すなわちあらゆる人の悟性にとって同一の確信ではなく、それが成就される際に人間の本質全体が同時に表現されるような確信である。科学的認識は個々の対象にかかわり、それを知ることはあらゆる人に不可欠のことではないのに対して、哲学において問題になるのは、人間そのものにかかわる存在全体の問題であり、それが輝き出るときにはいかなる科学的認識にもましてわれわれを感動させるような真理の問題なのである。

もちろん、できあがった哲学は科学と結びあっており、それぞれの世代に達成された最も進歩した科学のあり方を前提とするものではある。しかし、哲学の意義には科学とは異なる根源があるのであって、人間が目覚めるところでは一切の科学に先立って哲学が登場している。

科学を伴わない哲学

こうした、科学を伴わぬ哲学のあり方を、若干の特徴的な現象を手がかりとして示すことにする。

誰もが自分で判断できると思っている

第一点――哲学的なことに関してはほとんどの人が自分で判断できると思っている。人々は、科学に関しては、学習や訓練や方法がそれを理解する条件だと認めている一方、哲学に関しては、じかに関与して口をはさむことができるはずだと主張する。自分自身の人間存在と自分自身の運命と自分自身の経験さえあれば、哲学のための条件は十分だというわけである。

あらゆる人が哲学に近づきうるはずだという要請は承認されねばならない。哲学の専門家が進むきわめて煩瑣な研究の道程に意義があるのは、哲学のなかで存在とおのれ自身とを確実にしてゆく仕方によって規定されている人間存在の問題に、そうした研究道程が集約される場合だけである。

子供の発する疑問

第二点――哲学的思惟は常に根源的でなければならない。各人はおのれ自身で哲学的思惟を遂行しなければならない。

人間は人間であるかぎり根源的に哲学するものであるということを示す驚くべき証拠のひとつに、子供の発する疑問がある。意味のうえでは哲学的思考の深みに直結するようなことが子供の口から聞かれるのは、けっして稀なことではない。いくつかその例をあげよう。

ある子供は、「僕はいつも僕が自分と違った人間だと思おうとするんだけど、やっぱり僕はいつでも僕なんだ」と言って不思議に思う。この子供は、一切の確実さの根源のひとつに、つまりは自己意識の内なる存在意識に触れている。彼は、自己存在の謎という他のものからは理解できないものを前にして驚いているのであり、問いを発しつつこの謎の限界に直面しているのである。

別の子供は、神が初めに天地を造られた……という創造の物語を聞くやただちに、「それじゃ初めの前には何があったの？」とたずねた。この子供は、次々に問い進む問いには際限がなく、悟性のはたらきを止めることはできないということを、また自分は完結した答えを得ることができないということを、経験的に知ったわけである。

別の女の子は散歩の折に森の草地の前で、夜になるとそこで輪になって踊ってあれこれするという妖精の話を聞いて、「でも妖精なんているもんですか」と言う。おとなは、こんどは本当に存在するあれこれについて話をし、太陽の動きを見ながら、太陽が自分で動いているのか地球のほうが回っているのかという問題を説明して、地球が球形であり自転していることを証明するもろもろの根拠を示したりする。しかしその少女は「あらそんなことって嘘っぱちに決まってるわ」と言い、大地を踏みつけて「やっぱり地球は動かないわ。目に見えるものでなくちゃ信じられるもんですか」と言い張る。これに対しておとなが「それじゃ、目には見えない愛の神も信じないのかね」と反論すると、その少女は一瞬はっとするが、次には非常にきっぱりと、「神様がいらっしゃらなければ、あたしたちも全然いないことになるわ」と言う。この場合の少女は、現に存在しているものはそれ自身によって存在するのではないという現存在のあり方に対する驚きに打たれたのである。また少女は、問題の次のような相違を理解したのである。すなわち、世界内の対象に関することが問題なのか、それとも存在とわれわれの現存在の全体とに関することが問題なのかという相違である。

別の少女は、人を訪ねて階段をのぼりながら、一切のものが常に違ったものになり、流れ去り、過ぎ去ってしまって、あたかも以前には存在していなかったかのようだということを生き生きと感じとる。そして彼女はこう思う、「でも何か確かなことがあってもいいはずだわ。……いまあたしが階段をのぼって叔母さんのところに行ってるっていうこと、これだけはぜひ確かなものにしておきたいわ」と。この場合の少女は、すべてが消滅しながら移り変わってゆくことに驚き怖れて、むなしい逃げ道を探しているのである。

こうしたもろもろの例を集める人がいるとすれば、豊かな児童哲学の報告をすることができるであろう。

その子供たちは以前に両親あるいは他の人たちからそうしたことを聞いていたのだという反論は、明らかに、まじめな考え方とはいえない。また、こうした子供たちもそれ以上に哲学することはなく、したがってそうした言い方は偶然なしえたものにすぎまいという反論は、子供はしばしば独創性をもっているが成長するにつれてそれを失ってゆくものだという事実を見落としている。われわれは年をとるにつれて、あたかも、因襲と臆見と隠蔽という牢獄に、また自明のものと思い込んだものの牢獄におちいり、子供の捉われのない態度を失ってゆくかのように思われる。子供はまだ自己創造的な生命状態のなかでわが身を開いていて、感じとり、見てとり、問いただすのであるが、そうしたことは、やがてまもなく消滅してしまう。子供は、ある瞬間に悟ったことを忘れるものであり、あとになって、自分が口に出してたずねたことを記録しておいたおとなに知らされると、びっくりするのである。

精神病者

第三点——根源的な哲学的思考は、子供の場合と同様に精神病患者にも見られる。精神病者の場合、ときとして——稀なことではあるが——あたかも全般的なヴェールのしがらみがゆるんで感動的真理が語り出されるかのように思われることがある。多くの精神病の初期には、心をゆり動かすような形而上学的啓示が生じるものである。なるほど、精神病者によるそうした啓示の告知は、詩人のヘルダーリンや画家のヴァン・ゴッホのような場合を除けば、形式においても言葉においても客観的な意味をもつ段階のものではない。しかし、彼らに接した人からみれば、われわれの営む通常の生活を覆っているヴェールがそこでは引き裂かれているという印象が否みがたいのである。事実また多くの健康な人によっても、自分が眠りから目ざめる際にひそかな意味深いことが経験されるということが認められている。ただ、完全にさめてしまうと、そうした意味深いことは再び見失われて、いまではもうそこまで押し入ることはできないということしか感じられないのだが。小児と愚者は真理を語るという命題には深い意味があるのである。しかし、偉大な哲学思想の源泉となっている創造的な根源性というものは、やはり小児や愚者にあるのではなく、数少ない偉大な精神として独立自由な姿でこの数千年間に出現してきた個々人のもとにあるのである。

周知の言い回し

第四点——哲学は人間にとって不可避のものである以上、世論や伝統的格言やよく知られた哲学的な言いまわしのなかにいつも現存しているのであり、また、たとえば啓蒙された現代人の言葉とか政治的な信念といった支配的確信のなかに、なかんずく、歴史の発端以来神話のなかに現存しているのである。哲学を避けることはできない。問題は、哲学が意識されるか否か、すぐれたものであるか、つまらぬものであるか、混沌としているか明晰であるかということだけである。哲学を拒否する者は、自分ではそれと知らずに自ら哲学を遂行しているのである。

哲学の本質はどのように言い表わされるのか

これほどに普遍的に、かつこれほどに特異な形でわれわれに知られている哲学とは、いったい何ものであろうか。

「哲学」という言葉の意味

ギリシア語の哲学者（フィロソフォス）という言葉は、知者という言葉に対立して形成されたものである。この言葉は、知識を所有していて自ら知者と称した者をではなく、認識（知）を愛する者を意味する。そしてこの言葉の意味は今日でも保たれているのであって、真理の所有ではなく真理の探究にこそ哲学の本質があるのである。もっとも、命題で言表された窮極的で完全で教示可能な知としてのドグマにおいては、哲学のこの本質が裏切られることが非常に多いのだが。哲学とは途上にあるということである。哲学の問いはそれに対する答えよりも重要であり、哲学においては、あらゆる答えが新たな問いとなるのである。

しかし、このように途上にあるということ——これは時間のなかで生きる人間の宿命だが——には、深い満足の可能性が、否、高揚した瞬間には哲学的思惟の完結の可能性さえ秘められている。こうした完結は、言葉に表わせる知識内容やもろもろの命題や信仰告白にではなく、存在それ自身が立ち現われてくるのを受けとるような人間存在が歴史的に現実化するという点にある。人間がその時々におかれている状況のなかでこうした現実性を獲得するという点に、哲学することの意義があるのである。

しかし、探究しつつ途上にあるということであれ、瞬間の安らぎと完結を見いだすということであれ——そうしたことは哲学の定義ではない。哲学より上位に位置づけられたり、哲学と並列的に位置づけられたりするようなものは存在しない。したがって哲学〔の定義〕を他のものから導き出すことはできない。あらゆる哲学はその現実化をつうじて定義されるものであり、何が哲学であるかという定義は人それぞれが試みねばならないことなのである。かくして哲学とは、生きた思考を遂行することでもあり、この思考に対する熟慮（反省）でもあり、おのれの内的行為、ならびにその行為について語ることでもある。この世界でわれわれにこれこそ哲学だと思えるもの、それは、各人固有の哲学する試みのなかからはじめて知ることのできるものなのである。

定義の試み——定義は可能ではない

古代の公式的表現

これに対して、哲学の意味を示す別のいくつかの公式を言い表わすことができる。しかしどの公式的表現も、哲学の意味を言いつくすものではなく、またこれこそ唯一の表現だと証明されるものはない。古代このかた、哲学とは（その時々の対象という点では）神的および人間的なことがらの認識であり存在者そのものの認識であるとか、（その目標という点では）死ぬことを学ぶことであり思惟によって浄福を志望する、つまり神的なものと同化することであるとか言われているし、最後にまた（その包括的な意味という点からすれば）、すべての知についての知、すべての技術に関する技術であり、個々の領域を対象とすることのない学一般であると言われている。

今日の公式的表現

今日ではおそらく哲学を次のような公式的表現で表わすことができよう。すなわち、

哲学の意味は現実をその根源において見てとることであるとか——

私が思惟しつつおのれ自身とかかわるその仕方をつうじて、内的に行動しつつ現実を捉えることであるとか——

広範な包越者に対してわが身を開くことであるとか——

あらゆる意味の真理を媒介とする人間と人間との愛の戦いという形での交わりを、勇敢に遂行することであるとか——

最も疎遠なものやおのれを拒む者の前でも忍耐強くたえず理性を目ざめさせておくことである、などと。

要するに哲学とは、人間が現実に関与することによっておのれ自身になることを可能にするような集中的なことがらである。

永遠の哲学

哲学は、簡潔で人を動かす思想という形で、あらゆる人間を、子供をさえ感動させることができる。しか

し哲学を意識的に仕上げるということは、けっして完結することのない課題、いつの時代にも繰り返され常に現在の全体的なこととして成就されてゆく課題である。こうした哲学の仕上げは、大哲学者の著作のなかに現われているし、もっと平凡な哲学者の場合にはその大哲学者の反響として現われている。こうした課題の意識は、それがいかなる形をとるにせよ、人間が人間であるかぎり眠らされることはないであろう。

哲学が徹底して攻撃を受け、余分なもの有害なものとして全面的に否定されるのは、なにも現代に始まったことではない。哲学は何のためにあるのか、困難な場面では役に立たないではないか、というわけである。

権威にもとづく教会の思考様式においては、独立の哲学は、神から離れていって人を世俗のことに誘惑し無意味なことで魂を堕落させるという理由で、拒否されてきた。他方、政治的な色彩をおびた全体主義の思考様式においては、世界を変革することが重要であるのに哲学者は世界を単にいろいろに解釈しただけであったといって哲学が非難された。この二つの思考様式では、哲学は危険なものとみなされたのである。哲学は秩序を破壊し、独立の精神を促すとともに暴動と反抗の精神を促進し、人を欺いてその現実的課題から逸脱させるから危険だというのである。啓示の神によって照らし出される彼岸の世界の魅力からみても、そして他方、一切のものを自力で要求してゆく無信仰な此岸の権力からみても、哲学を抹消してしまうのは願わしいことなのである。

さらに、日常的な人間の常識という観点からすれば有用性という単純な価値基準が出てくるが、この基準によれば哲学は無用のものとされる。ギリシア最古の哲学者とみなされるタレスは、星空を観察しているときに足もとの溝に落ちるところを見られて、下女にさえ嘲笑された。最も身近なことに不案内でありながら、どうして最も遠い星空を探究したりするのだろう、というわけである。

こうした否定や非難に対して哲学は当然、自己弁護すべきであるが、それは不可能なことである。それにとって有用であるために哲学が正当性を認められるような何か別のものから、哲学を弁護することはできない。哲学にできるのは、人それぞれの心のなかで実際に哲学するように促す力に、呼びかけることだけである。また哲学者が自ら知りうることは、哲学とは世間的な利害問題を離れた、目的に拘束されない、人間そのものことがらを追求するものであるということ、そして人間が生きるかぎり哲学は遂行されるものであるということである。哲学に敵対する諸力といえども、おのれ自身の固有の意味を考えざるをえず、したがって――マルキシズムやファシズムのように――特定の目的に拘束された思想形成体を生み出さざるをえない。それは哲学の代用物ではあるが、何ごとかを意図的に達成するという制約をもっている。そして、こうした思想形成体もまた、哲学が人間に不可欠のものであることを立証している。哲学は常に存在するのである。

哲学はおのれを拒否する者と戦うことができないし、おのれの真理性を証明することもできないが、しかしおのれを伝達することはできる。哲学は、非難される場合に抗言することはないし、聞き入れられる場合に勝利を誇ることもない。哲学は、人間性の根底において万人を万人と結びつけうるような人間相互の一致のなかで命脈を保つものなのである。

偉大な様式と体系的関連とをもった哲学が、二千五百年の昔から西洋と中国とインドに存在していて、偉大な伝統がわれわれに語りかけている。哲学的思考は多様であり、そこには矛盾があり互いに排斥しあう真理要求があるのだが、こうしたことは、根底においては或る一なるもの――何びとも所有しておらず、あらゆる時代の真剣な努力がすべてそれをめぐって動いているような一なるもの――が、すなわち永遠の一なる哲学、久遠の哲学（philosophia perennis）がはたらいているということを、妨げるものではありえない。われわれが最も明るい意識をもって本質的な思考を進めたいと思う場合、われわれには、人間的思惟のこうした歴史的根拠が頼りになるのである。

2　哲学の根源

発端と根源

哲学の歴史は、一定の方法による思惟としては二千五百年前にその発端があるが、神話的な思惟としてはもっとはるかに古いものである。

しかし発端というものは根源とは何ほどか異なるものである。発端とは歴史学的な概念であって、すでに今までになされてきた思考作業によって増大している多くの前提を後世の人に提供する。これに対して根源とは、あらゆる時代の哲学せんとする衝動がそこに由来するような源泉のことをいう。この根源によってはじめて、その時々の哲学が本質的なものとなり、それ以前の哲学が了解されるのである。

哲学のこうした根源は多様なものである。すなわち、ものごとへの驚きから問いと認識とが生じ、認識されたことへの懐疑から批判的な検証と明晰な確実性とが生じ、人間の受ける衝撃と自分が見捨てられているという意識から自己自身に対する問いが生じる。まずこれら三つの動機について述べておこう。

三つの根源的な動機

驚異

第一の動機――プラトンは、哲学の根源は驚異にある〔プラトン『テアイテトス』一五五D参照〕と言っている。われわれは自分の眼によって「星や太陽や大空の光景に関心を抱かせられ」た。この光景がわれわれに「万物を探求しようとする衝動を与え、そこから、死すべき種族たる人間に神々が与えた最善のものたる哲学が発生した」わけである〔プラトン『ティマイオス』四七A-B〕。またアリストテレスは、「というのは、人が哲学的思索に駆り立てられたのはこの驚異によるのである。人々は、最初は自分たちが出あうまったく異様なものに驚き、次いで徐々に進んでいって、月や太陽や星雲の変化や万物の発生をたずねたのだ」〔アリストテレス『形而上学』九八二B〕と述べている。

驚くことによって人は認識に駆り立てられる。驚きのなかで私は自分の無知を自覚する。こうして私は知を求めることになるが、しかしそれは知それ自身のためであって、「何らか通常の必要に迫られたため」ではない。

哲学するということは、生の必要に縛られた状態からの覚醒にも似たことである。この覚醒は、事物や天空や世界を目的に縛られずに見やることのなかで、つまり、そうしたすべてのものが何であり何に由来するのかという問い——それに対する答えが何らかの利益に役立つはずはなく、それ自身で満足を与えるような問い——のなかで、成就されるのである。

懐疑

第二の動機——存在者を認識することにおいて自分の驚きと驚嘆に対する満足が見いだされるとき、ただちに懐疑が始まる。たしかに認識の量は累積されるが、批判的に検証すれば、確実なものは何ひとつない。感覚による知覚は人間の感覚器官によって制約されていてわれわれを欺くものであり、いずれにせよそれは、知覚されるか否かにかかわりなく私の外にそれ自体で存在しているものと一致することはない。われわれの思惟形式は人間の悟性の思惟形式であって、解決できないもろもろの矛盾にまき込まれている。いたるところで主張と主張とが対立しあう。それゆえ、哲学的に思考する場合、私は懐疑の道を選びとり、懐疑を徹底して押し通そうと努めることになる。そしてそれには次の二つの場合がある。ひとつは、もはや何ものをも承認しないが自分のほうでも一歩も前進できないような懐疑によって一切を否定することに喜びを感じつつそうする場合であり、もうひとつは、一切の懐疑を免れていてあらゆる批判に公正に堪えうるような確実なものがいったいどこにあるのかと問いながらそうする場合である。

「我思う、ゆえに我あり」〔デカルト『方法序説』第四部〕というデカルトの有名な命題は、他の一切を疑った場合にも彼にとって疑う余地のない確実なものであった。というのは、私の認識における、おそらく自分では見通せない完全な錯誤でさえ、自分の思惟のなかで欺かれる場合もやはり私は存在しているという事実に関しては私を欺くことはできないからである。

懐疑は、〔確実性に到達するための〕方法上の懐疑としては、あらゆる認識を批判的に検証してゆく源泉となる。それゆえ、徹底した懐疑なしには真実の哲学的思考はありえない。決定的な問題は、この懐疑そのものをつうじていついかにして確実なものの地盤が獲得されるかということである。

人間の状況

さて次に第三の動機を問題にしよう。世界内の対象の認識に没頭し、確実なものに至る道程としての懐疑を遂行しているときには、私は客観的な事柄にかかわっているのであって、自分のこと、つまり私の目的や私の幸福や私の救いのことを考えてはいない。むしろ私は、そうした認識を実現してゆく過程では自分を忘れて満足しているのである。

自分の状況のなかでの自分自身が自覚されてくれば、こうした事情は変わってくる。

ストア派のエピクテトスは、「哲学の根源は自分の弱さと無力さとに気づくことである」と言っている。無力な私をどうして助けたらよいのか。エピクテトスの答えは、自分の力の及ばないあらゆることは必然的なことだから自分にとってはどうでもよいことだと見なすこと、反対に、自分の力で左右できること、つまり私の表象の仕方や表象内容は、すべて思惟をつうじて明晰かつ自由なものにすること、というものであった。

限界状況

〔哲学の根源への問いを進めるにあたって〕われわれ人間のおかれている境位を確認しておこう。

われわれは常にもろもろの状況のなかにある。それらの状況は変化し、いろいろな機会が現われてくる。その機会は、ひとたび逸するやまたとは戻ってこない。私は状況が変化するよう自分ではたらきかけることができる。ところが状況のなかには、たとえその瞬間的な現われ方が異なりその圧倒的な威力がヴェールに隠されてはいても、本質的には常に不変であるような状況がある。すなわち、私は死を免れえず苦しまねばならず戦わねばならないという状況、また、私は偶然の手に委ねられており、不可避的に責罪に陥るという状況である。われわれの現実生活のこれらの基本的状況を、限界状況と名づけることにする。それはすなわち、われわれがのりこえることができず変更することができないような状況が存在するということを意味する。こうした限界状況が意識されるということが、驚きと懐疑に次いで哲学のいっそう深い根源となる。単なる現存在的な生活にあっては、われわれは限界状況を、あたかもそうしたものは存在しないかのように目をつむって生きることによって回避することが多い。われわれは、自分が死を免れえないということを忘れ、責罪を負わされていることや偶然の手に委ねられていることを忘れる。この場合われわれは、具体的な状況にのみかかわり合うことになる。つまり、自分のために具体的な状況を支配したり、自分の現実生活の利害に駆られて、この世界のなかでの計画と行動をつうじて具体的な状況に対処したりするのである。これに対して、われわれが限界状況に対処するのは次のいずれかによってである。すなわち、ひとつには、この限界状況をおおい隠すことによってであるが、現実にこの限界状況を把握した場合には、絶望し再起することによってである。そしてこの後者の場合にわれわれは、おのれの存在意識を変革しつつおのれ自身となるのである。

一切の世界存在の不確かさ

われわれ人間のこうした境位を、これとは違った仕方で、すなわち一切の世界存在の不確かさという形で明らかにしてみよう。

ものを疑うことのない内的態度は、世界を存在そのものと考える。この場合われわれは、幸福な境遇にあるときは力に充ちて歓呼の声をあげ、反省することなしに信頼をよせ、自分の眼前のことしか知らずに生きるが、逆に苦痛を感じたり弱くなったり無力になったりしたときには絶望に陥り、この状態を切りぬけてなお生きつづける場合には、再び我を忘れて幸福な生活にのめり込んでゆく。

しかし人間はそうした経験を積むことによって賢くなってきたのである。脅かされることによって人はわが身を守らざるをえなくなる。そして自然支配と人間共同体の形成が実生活を保証することになる。

人間は、自然の好意を意のままにするために自然を支配するのであって、自然は、認識と技術によって信頼するに足るものとなるはずである。

しかしながら、自然を支配するにあたっても、計量できないことや不断の脅威が残り、全体としては挫折に終わるのであって、困難で苦労の多い労働や老化や病気や死といったことをなくすことはできない。人間の支配によって自然が頼れるものになるということは、自然が総体的には頼りにならないということのなかのひとつの特殊な場合にすぎない。

他方人間は、万人の万人に対する戦いという事態を局限し結局は排除するために互いに結束しあって共同体を作るのであり、相互に助けあいながら身の安全をかちえようとしているのである。

しかしこの場合にも限界がある。もしも、絶対的な連帯理念の要請するがままに各市民が他人を助けるような状態にもろもろの国がなっているとすれば、そうした場合にのみ、正義と自由とが全体的に保証されることもあるであろう。というのは、そのような場合にのみ、ある人に不正が加えられたとき他の人々が一致団結して不正に対抗するようになるからである。しかし実際にはそうした状態は存在しなかった。最悪の状況にあって、無力でありながらもお互いのために実際にその場に留まるのは、常に限られた範囲の人々であるか、もしくは個々の個人であるにすぎない。国家も教会も社会も絶対的に保護してくれるというわけではない。そうした保護があると思うのは、人間の限界がおおい隠されていた安定した時代の麗わしい幻想だったのである。〔訳注：第二次大戦中のヤスパースの体験にもとづく叙述である。当時のヤスパースは、ユダヤ人の妻との離婚を拒んだため、ナチスの「不正」によって大学を追われるなど、死を覚悟せざるをえないほどの窮境におかれた。そして、こうした彼のもとに留まり援助しようとした人は、ごく少数の個人に限られていたとされている（特に『運命と意志』所収の「日記」）〕

このように世界が全面的に頼りにならないという見方に対しては、別の見方が対立する。すなわち、この世界には信ずべきことや頼もしいことがあり、故郷とその風土——両親と先祖——兄妹と友人——妻といった、われわれの支えとなる根拠が存在し、また、自国語や信仰や思想家・詩人・芸術家の作品のなかには伝統という歴史的根拠がある、という見方である。しかしながら、こうした伝統の全体もわれわれを庇護してくれるものではなく、絶対的な頼りになるというわけではない。なぜなら、われわれの前に現われてくるそうしたものはすべて人間の仕業であり、けっして神が世界に現われたというわけではないからである。伝統とは常に疑わるべき事柄でもあるのである。人間は常に、そうした伝統を見つめながら、自分にとって確実であり存在であるもの、信頼できるものを、おのれ自身の根源から見いだしていかざるをえない。しかし一切の世界存在が頼りにならないというこの事態のなかに、われわれの進むべき道の指針が示されている。それは、世界内のことに満足することを禁じ、別の超越的他者へと向かうように指示するのである。

挫折の経験と自己となることとの経験

限界状況――死、偶然、負い目、世界の不確かさ――は、われわれの挫折が不可避であることを示している。限界状況を誠実に考えるかぎり私はこの絶対的挫折を見てとらざるをえないのだが、こうした事態に直面して私はどうしたらよいのであろうか。

思惟の独立性という人間固有の自由に立ちもどるべきだというストア派の忠告には、われわれは満足できない。ストア派は、人間の無力さを十分根本的に洞察していなかったために誤りを犯したのである。思惟もまたそれ自体としては無意味であり、おのれに与えられたものを頼りにしているのだが、ストア派はこうした思惟の非独立性と、思惟が妄想に陥りうることとを見落としたのである。単なる思惟の独立性ということには内実がないゆえに、思惟の独立性のみをわれわれに勧告するストア派はわれわれを空虚な状態に放置することになる。またストア派の教えでは、内面的自己克服を自発的におこなう試みがなされず、愛において自分が超越的なものから贈与されることによる充実や、可能的なものを希望に充ちて待望する気持ちが生じることがなく、したがって、ストア派はわれわれを希望のもてない状態に放置することになる。

しかしストア派が望んでいるものは真正な哲学である。そして、限界状況のなかで触れられる根源は、存在に至る道を挫折において獲得しようとする基本的衝動を生ぜしめるのである。

人間にとって決定的なことは、挫折をどのように経験するかにかかっている。すなわち、挫折が隠されつづけて最後に単なる事実として人を圧倒することになるのか、それとも人が糊塗せずに挫折を直視することができ、自分の現存在の絶えざる限界としていま現在この挫折を所有するのか、また、空想的な解決と安息をつかみとろうとするのか、それとも、説明しがたいこの状況を前にして黙々と誠実にそれをひきうけるのか、ということにかかっているのである。人がおのれの挫折を経験する仕方は、人間が何になってゆくかを基礎づけるものである。

限界状況の経験においては、無が指示されるか、それとも、一切の世界存在が消滅するにもかかわらずその世界存在をこえて本来的に存在するものが感じられるようになるかの、いずれかである。絶望でさえ、それが世界内で可能であるという事実によって、世界をこえ出たものを示す指針となる。

別の表現をすれば、次のようにも言うことができる。人間は救いを求めるものであるが、その救いは、偉大で普遍的な救済宗教によって提示されている。この宗教の徴表は、救済の真理と救済の現実とを示す客観的な保証をもっているという点にあり、この救済の道は個々人の回心の作用に通じている。哲学はこうしたものを提供することはできない。しかしながら、哲学するということはすべてひとつの世界超克であって、救済に類比さるべきものなのである。

三つの根源と交わり

以上の論述を要約すれば、哲学的思考の根源は驚異と懐疑と、自分が見捨てられているという意識とにある。いずれの場合にも、人の心を捉える感動によって哲学的思考が始められるのであり、困惑した状態のなかからそれぞれの目標が追求されるのである。

プラトンとアリストテレスは驚異ということから出発して存在の本質を求めた。

デカルトは際限のない不確実なもののなかに異論なく確実なものを求めた。

ストア派の人々は現実生活の苦悩のなかで魂の安らぎを求めた。

このような困惑の経験はそれぞれ、その概念および言語という歴史的な衣をまとってはいるが、それなりの真理性をもっている。われわれは、この真理を歴史的に自分のものとしながら、現代なおわれわれの内面に現前している哲学の諸根源に迫ってゆくのである。

こうした衝迫によってわれわれは、頼るべき地盤と深い次元の存在と永遠化するものとをめざして進んでゆくのである。

しかし右に列挙した哲学の諸根源はおそらく、われわれにとっても最も根源的なもの、無条件的なものであるというわけではないように思われる。驚異に対して存在が開顕されることはわれわれに一息つく余裕を与えるものではあるが、しかし人間から遊離してまったくの魔術的形而上学に陥る方向に人を誘惑するものでもある。懐疑による異論のない確実性は、科学的な知による世界定位にしかその適応領域をもたない。また、ストア派における不動の魂のもち方は、もっぱら困窮した際の一時しのぎとして、また完全な没落からの救いとしてのみ有効であるにすぎず、それ自身は内実と生命を伴わぬものにすぎない。

三つの有力な動機——驚異と認識、懐疑と確実性、絶望的状態と自己生成ということ——によっては、現代の哲学的思考においてわれわれを動かしているものは汲みつくされてはいない。

歴史の最も根本的な切れ目の時代である現代、未曽有の崩壊の時代でありながらあいまいな好機の予感のみがあるこの現代においては、これまでに考えられてきた三つの動機は、もちろん有意義ではあるが十分なものではない。そうした動機は、ひとつの条件、つまり人間相互の交わりという条件のもとにおかれているのである。

今日までの歴史においては、人間と人間との自明の結合が、頼るべき共同体や制度や普遍的精神のうちに存在していた。孤独な人でさえ、自分の孤独のまっただなかでいわば他者に支えられていた。しかるに今日では、人間がますます相互に理解しあわなくなり相互に無関心な態度で出会っては別れているという事実、忠実さや共同体がもはや確かなもの頼れるものではなくなっているという事実があり、こうした事実のうちに、われわれ人間存在の崩壊が最も強く感じとられるのである。

事実上は常に存在していた次のような一般的状況がいまや決定的に重大な意味をもつようになっている。

すなわち、私は真理において他者と一つになりうるものでありながらそうなりえないでいるという状況であり、私が自分を確信するまさにそのときの信念が他者の信念と衝突しあうという状況であり、また、何らかの極端な場合を考えれば、統一の望みのない戦い――屈服か絶滅かのいずれかに終わるような戦い――しか残っていないかのような状況であり、信念のない人たちが柔弱さと抵抗しえぬ弱さのために盲目に集まりあうかもしくはわがままに反対しあっているという状況であるが、――こうした状況はすべて偶然的なことでも非本質的なことでもない。

私を満足させうるような真理がもし私の孤立したあり方のなかに存在するのであれば、そうした状況でも結構だと言えるかもしれない。また、もし私が絶対的な孤独のなかで私ひとりで真理を確信しうるというのであれば、交わりの欠如による苦悩とか真正な交わりにおける独特の満足などによって哲学的にそれほど心を打たれるということはないであろう。しかしながら私は、他者と共同することによってのみ存在しうるのであり、ひとりでは無なのである。

単なる悟性と悟性の交わりや精神と精神の交わりではなく実存から実存に至ろうとする交わりにとっては、非人格的な事物や有効なものはすべて、交わりの単なる媒介物として存在するにすぎない。その場合、弁護したり攻撃したりすることは、権力を得るためでなく相互に近づきあうための手段なのである。その戦いは愛の戦いであって、そこにおいては双方が一切の武器を相手に引き渡す。自由な者と自由な者とが共同をつうじて遠慮なしに対立しあうような交わり、また、他者との交渉はすべてその予備段階たるにすぎず、決定的な点ではあらゆることを要求しあい根底において疑問としあうような交わり、こうした交わりにおいてのみ本来的な存在の確信が得られるのである。交わり以外の真理はすべてこうした交わりのなかではじめて現実化されるのであり、私は交わりにおいてのみ私自身であるのであって、こうした交わりにおける私は、単に生を保持するというだけではなく生を充実させもするのである。神は間接的にしか示されず人間に対する人間の愛なしにはありえず、また、異論のないデカルト的確実性は特殊的相対的なもの、ある全体者に従属したものなのであり、ストア派の考え方は空虚で硬直した態度におちいるのである。

私はいま諸賢に哲学的根本態度の思想的表現について話しているのだが、この哲学的根本態度は、深い交わりがなされていないことによる困惑に、真正な交わりを求める衝動に、また、自己存在と自己存在とを心の底で結びつけるような愛の戦いの可能性に、その根底をもつものなのである。

ところでこうした哲学的思考は同時に、前述の三つの哲学的な困惑にその根底をもつものでもあるが、驚異などそれら三つの困惑は、交わりを促進するにせよ阻害するにせよそれらが人間と人間との交わりに対していかなる意味をもつかということに、制約されているのである。

それゆえ次のように言ってよい。すなわち、哲学の根源は、たしかに驚異や懐疑や限界状況の経験のうちにあるのだが、しかし最終的には、それらすべてを包含した本来的交わりへの意志にある、と。そしてこのことはすでにはじめから、すべての哲学が自らを伝達しようと欲し、自らを言表し、聞きとられんことを願っているという事実に、また、哲学の本質は伝達可能性そのものであり、この伝達可能性は真理存在と不可分であるという点に、示されているのである。

一切の目的の意味に最終的な根拠を与えるところの哲学の目的、つまり、存在を内的に覚知し愛を開明し安らぎを完成するという目的は、交わりにおいてこそはじめて達成されるのである。

3　包越者

主客分裂

ここでは、最も困難な哲学的根本思想のひとつをとりあげてみたい。この思想は、本来的な哲学的思惟の意義を基礎づけるものであるから、触れずにすますわけにはいかないものなのである。この思想は、十分に描き出すのは面倒な思想ではあるが、きわめて簡潔な形においても理解してもらえるにちがいない。以下その輪郭を描くことを試みよう。

哲学は、何が存在するのかという問いをもって始まる。——もちろんさしあたっては、世界内の事物とかもろもろの形態の無生物や生物といった多様な存在者が存在し、すべてが到来しては行きすぎながら際限なく多くのものが存在している。しかし、本来的な存在、すなわち、一切のものを総括し一切のものの根底にある存在、存在する一切のものがそれから生じてくるような存在とは何であろうか。

この問いに対しては奇異に思われるほど数多くの答えがある。最も古い哲学者の最も古い栄誉ある答えは、すべては水であり水から成るというタレスの答えである。続いてこれに代わって、根源的には一切は火であるとか空気であるとか無限定なものであるとか物質であるとかアトムであるとされたり、あるいは、一切は第一の存在たる生命であって、生なきものはすべてこの生命からの頽落を意味するとされたり、あるいは、一切は精神であって、事物はこの精神に対して現われる現象であり、この精神によっていわば夢と同様にして生み出される表象であるとされたりしたのであった。われわれはさまざまな名称をもつ世界観の巨大な系列を目にする。すなわち、唯物論（すべては物質であり自然的機械的な生起であるとするもの）とか唯心論

（すべては精神であるとするもの）とか物活論（すべては魂をもって生きている物質であるとするもの）といった世界観やその他もろもろの観点にもとづく世界観である。そのいずれの場合も、存在とは本来何であるのかという問いに対する答えは、ある存在者を指示することによって与えられたのであった。それはすなわち、特別の性格をもっていて他の一切のものの根源とみられるような、世界内に現われている存在者である。

ところでいったいどの答えが正しいのであろうか。もろもろの学派間の争いのなかでなされた論証は数千年のあいだ、これらのうちのひとつの立場を真実のものと証明することができなかった。どの立場にも、何ほどかの真実が、すなわち、この世界で何らかのものを見てとることを教える見方と研究方法とが現われている。しかし、自らを唯一の立場とみなし、おのれの基本的見解によって一切の存在者を説明しようとする場合には、どのような立場であれ誤りを犯すことになる。

こうした事情はどうして生じるのであろうか。これらもろもろの見方にはひとつの共通点がある。すなわち、存在を、対象として私に対立している何ものかとして、つまり、自分に対立している客体として私がそれを考えつつそれに注意を向けているような何ものかとして、把握するという点にである。意識を伴うわれわれ人間の現存在のこうした原現象はまったく自明のものであって、疑問視されることがないゆえにその不可解さがほとんど感じられないものなのである。われわれが考えたり話したりするものは、いつもわれわれとは別のものであり、主体たるわれわれが、われわれに対立するものすなわち客体としてのそれに注意を向けている、といったようなものである。われわれは、おのれ自身をおのれの思惟の対象にする場合には、自らいわば他者のようになりながらも、常に同時に、おのれ自身の思惟を遂行する思惟する自我として存在するのである。ただし、この思惟する自我は常に、対象化ということが可能になるための前提であり、それゆえ、客体としてはうまく思惟されえないのである。思惟するわれわれの現存在が含んでいるこの根本事実を、主客分裂と名づけることにする。われわれは、目覚めて意識しているかぎり常にこの分裂のうちにある。われわれが思惟する場合、欲するままに自分の思惟の向きを転じたり変えたりすることはできるが、常にこの分裂のなかで対象的なものに注意を向けているのであって、その対象が感覚知覚の向かう実在であろうと、数や図形といった観念的対象たる思考物であろうと、ある空想的内容のものであろうと、また何かありえぬものといった想像物であろうと、そのことに変わりはない。われわれの意識の内容としてのもろもろの対象が、われわれの外側か内側で常にわれわれに対立しているのであり、ショーペンハウアーの表現をかりて言えば、主観なき客観はなく客観なき主観はないのである。

包越者

あらゆる瞬間に現前しているこの主客分裂という秘密は何を意味するのであろうか。とにかく、全体としての存在が主観でも客観でもありえず、〔主客を包みこむ〕「包越者」でなければならないということは、何としても明白であって、そのような存在が、主客分裂においてわれわれにとっての現象となって現われるのである。

さて、存在そのものは明らかに対象（客体）ではありえない。私の対象となるものはすべて包越者から私のほうにたち現われるし、主体としての私もこの包越者からたち現われる。対象とは、この〔主体としての〕私に対するある特定の存在なのであり、一方、包越者は私の意識にとってはあいまいなままなのである。あることが明白になってゆくのはもっぱらもろもろの対象をつうじてであり、しかも対象が意識され明晰になるにつれてそれはいっそう明白になってゆく。しかるに包越者それ自身は対象とはならず、私と対象との分裂において現象してくるものなのである。包越者そのものは背景たるに留まるのであって、現象することにおいてこの背景から限りなく開明されはするが、やはり常に〔私と現象との〕包越者たるに留まるのである。

思惟されたものはみな区別されてあること　二重の分裂

ところですべての思考にはもうひとつの分裂がある。限定されたものとしてのそれぞれの対象は、明晰に思惟されるかぎり、常に他の対象と関連をもっている。対象が限定されるということは、それが他のものから区別されるということを意味する。存在一般を考える場合でさえ、その対立物として無が考えられているのである。

こうして、あらゆる対象、あらゆる思惟内容、あらゆる客体は、二重の意味で分裂している。対象は、第一には思惟する主体である私と関連をもち、第二に他の対象と関連をもっている。あらゆる対象は、思惟された内容にほかならないから、けっして一切のものではなく、存在の全体でも存在そのものでもありえない。思惟されるということはすべて、包越者のなかから落ち出てくることを意味する。思惟された存在は、私に対立するとともに他の対象にも対立しているそれぞれ特殊なものなのである。

それゆえ包越者は、思惟されたものとしては、常にただ告知されるだけである。包越者は、それ自身がわれわれに現われてくるというものではなく、一切の他のものがそれのなかでわれわれに現われてくるようなものなのである。

包越者の確認の意義

こうしたことを確認したことにいかなる意味があるのであろうか。

包越者の思想は、事物にかかわる通常のわれわれの悟性を基準として見れば不自然なものである。世界内の実践的なことに注意を払うわれわれの悟性は、こうした思想に抵抗を感じる。

思惟しながら一切の思惟された事物をこえて飛翔してゆくことを可能にするような、〔思惟の〕こうした根本操作は、困難なものではあるまいが、しかしやはり何かなじみがたいものである。というのは、この根本操作は、それによって把握可能になる新たな対象の認識という意味をもたず、思考によってわれわれの存在意識の変革をひき起こそうとするものであるからである。

包越者の思想は、新たな対象を提示するものではないから、通常の世界知という意味では空虚なものである。しかしこの思想は、その形式をつうじて、われわれにとって存在する存在者の現象の無限の可能性を開き、また同時に一切の存在者を透明なものにしてくれる。それは、本来的に存在するものの声をもろもろの現象のなかで聴きとる能力をわれわれの内面に呼びさますことによって、われわれに対する対象性の意味を変革するものなのである。

包越者の諸様態

包越者を開明するためにもう一歩先に進んでみよう。

包越者について哲学するということは存在そのものに押し入ることを意味するであろうが、それは間接的な仕方でしかなしえないことである。というのは、われわれが何かを語る場合には、もろもろの対象において思惟するからである。われわれは、対象的思惟をつうじて、包越者という非対象的なものを指示する指標を獲得しなければならない。

われわれがいままさに思惟しつつ遂行してきたことがその一例である。すなわち、われわれは、われわれが常にそのなかに置かれていて外からは見ることのできない主客分裂というものを、言葉で言い表わしながら対象としているのだが、しかしそれは適切とはいえないやり方である。というのは、一般に分裂とは客体として私に対立している世界内の諸事物の関係のあり方なのだが、ここではその関係が、まったく目に見えずそれ自体はけっして対象的でないものを表現するための、ひとつの比喩となっているからである。

根源的にわれわれに現前している事態から出発して具体的に思惟を進めながら、この主客分裂自体が多層的な意味のものであることを確認しておこう。主客分裂は、私が悟性として対象に注意を向けるか、生きた現存在として私の環境に注意を向けるか、実存として神に注意を向けるかによって、根源的に違ったものとなる。

悟性的存在者としてのわれわれは、把握することのできる事物に対立し、その事物について、可能なかぎり異論なしに普遍妥当的な認識をもつのだが、これは、それぞれ特定の対象に関する認識である。

環境界に生存している生命体としてのわれわれは、この環境界において、感性的直観で経験されるものに触れており、また、私に現前しているもの——普遍的な知には解消できないもの——として私の体験のなかで現実となるようなものに触れている。

実存としてのわれわれは、超越者たる神に関係し、実存が暗号と象徴という意味を与える事物の言語をつうじてこの関係を保っている。われわれの悟性も、生命的な感性も、この暗号的存在の現実の姿を捉えることはない。神の対象的なあり方は、実存としてのわれわれにとってのみ可能な現実であって、経験的に実在していて異論なしに思惟され感覚的刺激をわれわれに及ぼす対象とは、完全に別の次元に属するものなのである。

こうして、包越者を確認しようとすればそれはただちに包越的存在のいくつかの様態に分節化される。この分節化は、〔以上のように〕、主客分裂の三つの様態を導きの糸としてなされた。すなわち、第一にはわれわれがすべて同一であるような意識一般としての悟性、第二にはわれわれがそれぞれ特殊な個体であるような生きた現存在、第三にはわれわれがわれわれの歴史性において本来的にわれわれ自身であるような実存、この三つの様態への分節化がなされたわけである。

こうした〔包越者の〕確認を十全に仕上げる手続きを簡単に示すことは不可能である。ここでは、存在そのものと考えられる包越者は超越者（神）および世界と名づけられるということ、またわれわれ自身がそれであると考えられる包越者は現存在、意識一般、精神、実存と呼ばれるということを述べるだけで、満足せざるをえない。

神秘主義の意味

右のような哲学的根本操作によって、臆断による存在そのものたる客体にわれわれを縛りつけている桎梏から解放されるなら、われわれには神秘主義の意味が理解できるようになる。数千年の昔から、中国やインドやヨーロッパの哲学者たちは、伝達様式はさまざまに異なってはいても、あらゆる場所で、かつあらゆる時代をつうじて同一であるような内容について言い表わしてきた。それはすなわち、人間は、一切の対象的なものが消滅し自我が解消してゆく過程で、主客分裂をのりこえて主体と客体とが完全に一体化する境地に達しうるということである。その境地においては本来的存在が開かれており、そうした状態からめざめたときには、言いつくしがたいきわめて深い意味をもった意識があとに残るのである。この境地を経験した者からすれば、この主客一体化のほうこそ真にめざめた状態であり、主客分裂をもった意識にめざめるのはむしろ眠ることを意味するのである。たとえば西洋最大の神秘主義哲学者たるプロティノスは次のように記している。

「肉のまどろみから自分自身にめざめる場合、私にはしばしば、不思議な美しさが直観される。そのときの私は、いっそう立派で高度な世界に自分が帰属していることをこのうえなく固く信じ、自分の内面に最もすばらしい生命を力強く生み出し、神と一つになっている」〔プロティノス『エネアデス』四の八「魂の肉体への下降について」〕と。

神秘的経験に疑いをさしはさむ余地はないし、また、神秘家はおのれの体験を伝えようとする言語によっては本質的なことは言い表わせないということについても同様である。その神秘家は包越者のなかで忘我の状態にあるのである。言葉で語ることのできるものは主客分裂の状態に陥るし、また、際限なく進んでいく意識内での開明化の過程も、かの包越者という充実した根源に到達することはない。われわれは、対象的な形態をとるものについてのみ語ることができるのであって、そうでないものは伝達できない。しかし、そうした伝達できないものがその背景にひかえているということが、思弁的思考と呼ばれる哲学思想の内実と意義とを決定しているのである。

暗号文字としての形而上学

このような包越者の哲学的確認を基礎とした場合、われわれには、火や物質や精神や世界過程などについての数千年にわたる偉大な存在論や形而上学がいっそうよく理解できるようになる。というのは、こうした存在論や形而上学は、実際に対象知——存在論や形而上学はしばしば対象知だと解されたが、しかし対象知としてはそれらは完全に誤りである——たるに尽きるものではなく、むしろ、現前している包越者に基づいて哲学者たちが自己開明と存在開明のために構想した、存在の暗号文書であったからである。——ところがやがて、この暗号文書は、誤って本来的存在としての特定の客体的存在と考えられたのである。

世界の諸現象のなかで活動しているかぎり、存在そのものを所有していることがわれわれに意識されるのは、常に狭いものである対象においてでもなければ、諸現象の全体としての常に局限されたわれわれの世界という地平においてでもなく、もっぱら、一切の対象と地平とをこえ出ており主客分裂をこえ出ている包越者においてである。

哲学的基本操作によって包越者が覚知されたからには、最初に列挙した形而上学、つまり誤っておのれを存在認識だと思いこんでいる哲学はすべて、いかに巨大で本質的な存在者であれ世界内の存在者を存在そのものと考えようとするやいなや、崩壊してゆくことになる。しかしながら、われわれが存在そのものを見てとるために、対象や思惟したものやこの世界の地平といった形の一切の存在者すなわち一切の現象をこえ出ており進む場合、こうした形而上学はわれわれに許されている唯一の言語なのである。

というのは、存在そのものを見てとるというこの目標は、交わりの不可能な神秘主義の場合を除けば、世界を放棄することによっては達成されえないからである。われわれの意識が明るさを保ちうるのは、もっぱら判明な対象知という形においてである。そうした対象知においてのみわれわれの意識は、この知の限界が経験されるなかでその限界点において感得されるものをつうじて、おのれの内実を受けとることができるのである。何らかのものを＝こえて＝思惟する場合にも、われわれは常に同時に、そのもののなかに留まっている。現象を透視しうるようになる場合にも、われわれは常に当の現象に呪縛されているのである。

形而上学をつうじて、われわれには超越者という包越者の声が聞きとられるが、そうした形而上学をわれわれは暗号文書と解するのである。

しかし、この形而上学の思想を無責任に美的に享受する態度に堕するなら、われわれはこの思想の意味を見落とすことになる。というのは、われわれが暗号の形で〔本来的〕現実の声を聞きとる場合にのみ、形而上学の内実が姿を現わすからである。そしてその声は、われわれの実存の現実性に基づいてのみ聞かれるのであって、そもそもそこに何らかの意味を見てとろうとは思わない単なる悟性に基づいて聞かれるのではない。

しかしこの〔本来的〕現実の暗号（象徴）は、われわれが手にとって処理し消費してしまう事物のような具体的な実在であるなどと考えられてはならない。客体そのものを本来的な存在と考えるのはあらゆる独断論の本質であり、また、象徴を物質的な具体的なものとして実在と考えるのはとりわけ迷信の本質である。というのは、迷信とは客体に拘束されることであり、信仰とは包越者のなかに根拠をもつことであるからである。

哲学的思惟が破砕せざるをえないこと

さて、包越者のこうした確認がもっている方法論上の最終の帰結が問題であるが、その帰結とは、われわれの哲学的思惟が破砕せざるをえないという意識である。

われわれは、哲学的に練りあげつつ包越者を構想しているのだが、この場合われわれは、本質上対象ではないものをやはり再び対象としているのである。それゆえ、〔包越者についての〕陳述をつうじて包越者を覚知するためには、その陳述したことを対象的内容をもつものとしては後退させてゆくという、絶えざる留保が必要である。包越者を覚知するということは、いまここで陳述できるような内容をもつ研究成果をではなく、われわれの意識のひとつの姿勢を意味するからである。その覚知においては、私の知識内容ではなく私の存在意識が変わるのである。

そして存在意識のこの変化こそ、すべての本来的な哲学的思考の根本特徴なのである。対象に限定された思惟を媒介とし、かつそうした思惟のなかでのみ、包越者への人間の飛翔が生じる。そしてこの飛翔をつうじて、存在そのものの内なるわれわれの現実存在の根拠が意識のなかで有効なはたらきをもつようになり、また、この存在そのものによる導きや根本的な気分やわれわれの生と行動との意味づけが有効性をもつようになる。そして、包越者へのこの飛翔は、限定された思惟を放棄するのではなくその極にまでおし進めることによって、その思惟の桎梏からわれわれを解放してくれるのであり、また、一般的な哲学思想のなかに、その思想がわれわれの眼前で現実に成就されるための側面を開いてくれるのである。

存在がわれわれ人間にとっての存在であるための条件は、それが主客の分裂のなかでわれわれの心に対しても経験をつうじて現前しているということである。だからこそ、われわれの内面には明晰さを求める衝迫があるのである。あいまいな形でしか現前していないものすべてが、対象的な形で、しかも充実されてゆく自我の本質に基づいて把握されねばならない。一切を根拠づける無制約者たる存在そのものもまた、対象性という形式をとってわれわれ人間の眼前に立つことになるであろう。この形式は、対象性として不適切であるがゆえに再び崩壊してしまい、この崩壊のなかに包越者の現前という純粋な明晰さが残る、というような形式なのである。

ニヒリズムと再生

思惟するわれわれ人間の現存在の根本事実である主客分裂が意識され、この根本事実のなかに現前してくる包越者が意識されることによってはじめて、われわれの哲学的思考の自由が可能になる。

この包越者の思想は、あらゆる存在者からわれわれを解き放ってくれる。それは、〔特定の存在者に執着して〕固定化されるというあらゆる袋小路からの転換をわれわれに強いる思想であって、われわれをいわば変革せしめる思想である。

事物や対象的な認識理論の絶対性が失われるということは、そうした絶対性に自分の足場を置いている人にとってはニヒリズムに陥ることを意味する。そこでは、言葉と対象性とをつうじて規定されておりかつそのことによって有限なものとなっているすべてのものにとって、自らを現実であり真理であるとする排他的な要求は消滅する。

われわれの哲学的思惟は、むしろ本来的存在への解放であるような、こうしたニヒリズムを貫いて進められる。哲学的思考においてわれわれの本質が再生することによって、すべての有限な事物のそれぞれ局限された意味と価値とが見いだされ、有限な事物を貫いて進む道が不可避であるということが確実になるが、しかし同時に、有限な事物との自由な交渉を可能にするような根拠が獲得されもするのである。

この場合、やはり偽瞞的であった〔有限なものへの〕固定化から突き落とされることは、われわれが自由に浮動できるという可能性となり——、無の深淵だと思われたものは自由の空間となり——、表面的には無とみえたものは、本来的存在がそこからわれわれに語りかけてくるものに転じるのである。

4　神の思想

聖書とギリシア哲学

われわれ西洋の神の観念は、歴史的には聖書とギリシア哲学という二つの根底をもっている。

エレミアは、自分が長い生涯にわたって精魂を傾けてきた一切のものが没落するさまを目撃したとき、また、自分の国と民衆が破滅し、彼の民として残った最後の人たちまでがヤハウェの神への信仰にそむいて〔エジプトの女神〕イシスに犠牲を供えたとき、そしてまたその弟子バルクが絶望して「わたしは嘆き疲れて、安息が得られない」と言ったときに、こう答えている〔エレミア書第四五章〕。「主はこう言われる、見よ、わたしは自分で建てたものをこわし、自分で植えたものを引き抜いている。〔……〕あなたは自分のために大いなることを求めるのか？　それを求めてはならないのだ、と。」

こうした状況で発せられたこの言葉は、神が存在しており、それだけで十分だ、という意味をもっている。そこでは「魂の不死性」ということがあるか否かは問題とはならず、神が「許したもう」か否かの問題はもはや重要な意味をもたない。人間のことはもはやまったく問題ではなく、人間の我意は、自分の浄福と永生とに関する気づかい同様に消滅してしまう。そしてまた、全体としての世界が自己完結的な意味をもつとか、何らかの形で世界が恒久的に存続するといったことは、ありえないことだと解される。というのは、一切のものは神によって無から創造されていて、神の手の内にあるからである。一切のものが破滅してゆくなかで、神が存在するということだけが残る。信ずる神の導きによるこの世の生が最善の努力を試みて挫折したとしても、神が存在するという途方もない現実は残っている。人間が自分のことや自分の目的を完全に断念する場合には、神が存在するというこの現実が唯一の現実として人間に現われうるのである。しかしこの現実は、あらかじめ抽象的に現われるのでなく、この世界の実際のあり方に没頭してゆくところでのみ現われるのであり、この世界の限界においてはじめて現われるのである。エレミアの言葉は厳しい言葉である。この言葉はもはや、世界のなかで歴史的なはたらきをなそうとする意志に拘束されたものではない。むしろこうした意志は、エレミアの生涯をつうじて彼の言葉に先立って存在していたのであり、完全な挫折のなかではじめてこうした意味の言葉を可能にしたのであった。エレミアの言葉は、幻想的な要素なしに単純に語られながら測り知れない真理を含んでいる。というのもそこでは、まさに言葉で言表されるあらゆる内容が、すなわちこの世界におけるあらゆる執着が断念されているからである。

ギリシア哲学の神観の表現は、これとは違ったものでありながら同一の響きをもっている。

紀元前五〇〇年頃の人クセノファネスは、こう告知した。すなわち、死すべき人間とは外観においても思想においても似るべくもない唯一なる神のみが支配するのだ、と。プラトンは神性——彼が善と名づけているもの——を一切の認識の根源と考えた。われわれに認識しうるものがこの神性の光のなかで認識されるというだけでなく、そうしたものの存在も、尊厳および力という点でこうした存在を凌駕している神性によって保持されるのである。

ギリシアの哲学者たちは次のように解した。すなわち、多くの神々がいるというのはもっぱら習俗に従った理解であって、ことがらの本質からすれば唯一の神があるのみである、神はわれわれの目では見えず、何びとにも似ておらず、いかなる形象によっても認識されえない、と。

ギリシアにおいて神性は、世界理性もしくは世界法則、あるいは運命や摂理、あるいはまた世界の建設者と考えられている。

しかしギリシアの思想家にあっては、思考された神が問題なのであって、エレミアの説く生きた神が問題なのではない。だがこの二つの神観念の意味は一致する。西洋の神学と哲学は、神が存在するということおよび神が何であるかということを、限りなく変容してゆくこの二重の根底にもとづいて思惟してきたのである。

哲学者は答えなければならない

現代の哲学者は、神が存在するか否かという問題を避けて通ろうと望んでいるように思われる。彼らは神の存在を主張することもなければ否定もしない。しかしいやしくも哲学する者であれば、この問題に関して答弁すべきである。神の存在が疑われるとき哲学者は何らかの答えを与えねばならず、さもなければ、その哲学者の哲学は、そもそも何ごとをも主張することのない懐疑的哲学、つまり何に対しても肯定も否定もしない懐疑的哲学たることを免れないことになる。あるいはまたそのような哲学者は、対象的に限定された知すなわち科学的認識におのれの問題を局限し、知ることのできないものについては沈黙すべきであるという命題を立てることによって、哲学することをやめることになるのである。

相互に相容れない四つの方法的根本命題

神の問題は、相互に矛盾しあう諸命題にもとづいて論じられている。われわれは次にこうした諸命題を順次吟味してゆこう。

神学の命題は、イエスに至るまでの予言者によって神が啓示されているがゆえにのみわれわれは神を知ることができる、というものである。すなわち、啓示がなければ人間にとっての神の現実性は存在しない、神が人間の近づきうるものとなるのは人間の思惟によってではなく信仰して服従することによってである、というのである。

しかしながら、聖書における啓示の世界のはるか以前にも、またその外部にも、神性の現実性についての確信は存在していた。そしてキリスト教的西洋世界の内部でも、多くの人々が啓示の保証なしに神の確実性を承認してきたのである。

右の神学の命題に対しては、神の存在の証明が可能であるがゆえに神のことが知られるのだ、という古来の哲学の命題が対立する。古代ギリシア以来の神の存在証明は、全体として厖大な文書になっている。

しかし、神の存在証明が数学もしくは経験科学の意味での科学的に異論のない証明と解されるなら、そうした証明は誤りである。カントは、異論のない妥当性をもつこうした証明を、最も徹底的に否定している。その結果こんどは、神の存在証明がすべて否定されるということは神が存在しないことを意味する、という転倒が生じた。

しかしこの推論は誤りである。というのは、神の存在を証明することができないのと同様に、神の非存在もまた証明できないからである。こうした証明とその否定はただ、証明された神は神ではなく世界のなかのひとつの事物にすぎないということを示すのみである。

神の存在の臆断的な証明および神の存在の否定に対抗して、〔神の存在証明に関する〕真理を次のように言うことができるであろう。すなわち、いわゆる神の存在証明は、根源的にはけっして証明などではなく、思考しながら神を確実にしてゆく道程なのである、と。数千年にわたって考案され、形を変えながら繰り返されてきた神の存在証明は、実際には、科学的証明とは異なる意味をもつものである。すなわちそうした証明は、人間が神にまで飛翔することを経験するなかで思惟が神を確実にしてゆくということである。思想のいろいろな道が歩まれるのだが、そうした道をつうじてわれわれは、神の意識が飛躍によっておのずから現前してくるような場としてのもろもろの限界に到達するのである。

神の存在証明の例

次に神の存在証明の二、三の例をあげておこう。

宇宙論的証明

最も古い証明は宇宙論的証明といわれる。この証明では、宇宙（世界を意味するギリシア人の呼び名）から神が推論される。つまりそれは、世界の事象という常にひき起こされた事態からそれをひき起こす窮極原因を推論し、運動からその運動の根源を、個物の偶然性から全体の必然性を推論する証明である。

この推論は、われわれに見える月の表面から見えない反対側を推論するように或る事象の現存在から別の事象を推論することを意味するのであれば、〔神に関する推論としての〕効力をもたない。こうした推論においてはむしろ、世界内の事物から他の事物が推論されるのみである。われわれは常に世界のなかにあり、全体としてわれわれに向かいあうものとして世界を所有することはないから、全体としての世界はわれわれの対象とはならない。それゆえ全体としての世界から世界とは異なる何ものか〔神〕を推論することはできないのである。

しかし、右の推論の思想は、もはや証明とはみなされないとすれば、その意義を変えてくる。その場合この思想は、あるものから他のものへの推論という比喩の形で、そもそも世界とその内なるわれわれとが存在しているという事実に含まれている秘密を意識させるものとなる。何ものも存在しないこともありうるといった思考を遂行しようとして、シェリングとともに、なぜに一般に何ものかが存在していて無であるのではないのかと問う場合、〔世界とわれわれが〕現に存在することの確信は、この存在することの根拠へのわれわれの問いに答えるものではないが、われわれを包越者へと導きうるような確信である。そしてこの際の包越者とは、その本質上端的に存在するもの、存在しないではおれないようなもの、一切の他のものがそれをつうじて存在するようなものなのである。

目的論的証明

〔次に目的論的証明を検討しよう。〕たしかに人は、世界を永遠なるものと考え、それ自身にもとづいて存在しており したがって神と同一であるという性格を世界自身に与えてきた。しかし、こうした見方は次のような理由でうまくはゆかない。

世界のなかで美しくて目的にかない、かつ順序よく排列されていてある種の完成した秩序をもっている一切のもの――また、われわれの直接的な自然観想のなかで、汲みつくせないほどに充実した感動を伴って経験される一切のもの、こうしたものを、たとえば物質などという根本的に認識可能な世界存在にもとづいて概念的に理解することはできない。生物が合目的的につくられていること、あらゆる形の自然の美しさ、世界一般の秩序といったことは、実際上の認識が進歩する程度に応じてますます秘密に充ちたものとなっている。

しかるにこのことから神の存在を、つまり巧みな創造主たる神の存在を推論しようとするなら、この〔目的論的証明の〕推論に対してはただちに、この世界のなかの憎むべきものや混乱したものや無秩序なものすべてが対立することになる。世界を無気味で疎遠でおそろしい戦慄すべきものと感じるような基本的気分は、そのことに対応したものである。こうした気分から悪魔を導出しようとする推論は、神を導出しようとする〔前述の〕推論と同程度に否みがたいものと思われる。超越者の秘密は、この目的論的推論によって解消されるのではなく、むしろ深化されるのである。

しかし世界の非完結性と呼ばれる事態は決定的に重要である。世界は終結しているのではなくたえず変容しており――われわれの世界認識は結論を見いだすことができないのであって――、世界は世界そのものからは理解されえないのである。

これらのいわゆる神の存在証明は単に、神の存在を証明するものではないというだけではない。それは神を、いわばこの世界の境界で確定されるひとつの世界的実在者に変容し、この境界で出会うことのできる第二の世界に結びつける方向に誤り導くものでもある。この場合の神の証明は、神の観念をあいまいにしてしまう。

実存的証明

しかしこれらの存在証明は、具体的な世界の諸現象をとおして人を無に直面させ〔世界の〕完結不可能性という事態に直面させればさせるほど、それだけ印象深いものとなる。こうしてこれらの証明は、われわれがこの世界を唯一の存在とみてこの世界のなかでこの世界に満足しないようにする衝撃を、われわれに獲得せしめるものなのである。

繰り返して常に示されていることは、神は知の対象ではなく、異論のない仕方で開示されうるものではないということである。神は感覚的経験の対象ではない。神は目に見えず直観されえぬものであり、ただ信じられるしかないものなのである。

しかしこうした信仰はどこから生じるのであろうか。この信仰は、根源的には世界経験の限界からではなく、人間の自由から生じるのである。現実におのれの自由を意識している人間は、同時に神を確信する者でもある。自由と神とは不可分であるが、それはどうしてであろうか。

私は私の自由において私自身をつうじて存在するのではなく、この自由のただなかにあって〔超越的なものから〕贈与されたものであるということ、このことは私にとって確かなことである。というのは、私は私に到来しないこともありうるし、私の自由を私に強制することができないからである。私が本来的に私自身であるところにおいて、私には、私は私自身によってそうであるのではないということが確信される。最高の自由は、世界からの自由のただなかにありつつ同時に最も深いところで超越者に結び合わされていることだということ、このことが明白に知られるのである。

人間の自由なあり方をわれわれはその人の実存とも呼ぶ。神は、私の実存する場面である決意性とともに私に確信される。知識内容としてではなく、実存に対して現前してくるものとして、神が確信されるのである。

自由の確信が神の存在の確信を含んでいるからには、自由の否定と神の否定とのあいだには関連がある。おのれの自己存在の不可思議さを経験することがなければ、私にとって神との関係は不必要になり、むしろ、自然や多数の神々やもろもろのデーモンが現存することで満足できることになる。

他方、神なき自由の主張と人間の自己神化とのあいだにもある種の関連がある。そうした主張は恣意による見せかけの自由であって、この見せかけの自由は自分が「意志する」ことの絶対的独立性をもっていると思いこんでしまうのである。この場合の私は、「とにかく私はこう意志するのだ」と主張する自分の力を頼りにし、自ら死ぬことができる能力を傲慢に頼りにする。私はもっぱら私の力によってのみ私自身なのだとする自分自身に対するこの錯覚は、自由というものを転倒して空虚な救いのないものにしてしまう。我を貫き通そうとする粗暴な態度は絶望に転じる。そこでは、キルケゴールの言葉で言えば、絶望して自己であろうと欲することと絶望して自己であろうと欲しないこととが一致するのである。

私が自由において現実に私自身となる程度に応じて、神は私にとって存在するようになる。神はけっして知識内容としてでなく、実存に対してあらわになってゆく過程としてのみ存在するのである。

しかしながら自由としてのわれわれの実存の開明によっては、やはり神の存在は証明できず、ただ、神の確信が生じうる場といったようなものが示されるだけである。

神の思想は、そこで異論の余地なき確実性が提示さるべきだというのであれば、神の存在証明のなかでおのれの目標を達成することはできない。とはいえ、この思想が挫折したあとに何も残らないというわけではない。この挫折は、たえず疑問となる包括的で汲みつくせない神意識のなかで浮かび出てくるものを、われわれに示唆してくれるのである。

神についての知と自由

神は世界内で捉えられるようにはならないが、そのことは同時に次のことを意味する。すなわち、人間は世界内に現われてくる理解可能なものや権威や暴力のためにおのれの自由を放棄してはならないということ、むしろ人間は、誤った自由にもとづいて自由を放棄しつつ自己から逃避することを許されない当の自己自身に対して責任を負っているということである。人間は、いかに決意しおのれの道を見いだしてゆくかというその仕方を、おのれ自身に背負わせねばならない。それゆえカントは次のように言っている。神秘的な叡知は、それがわれわれに与えてくれるものにおいても、またそれがわれわれに拒むものにおいても驚嘆すべきものである、というのは、もしそうした尊厳な叡知がたえずわれわれの眼前に立っていてこの世界での否みがたい権威として明確に語りかけるとすれば、われわれ人間はこの叡知の意志の操り人形になってしまうと思われるからである、実はこの叡知はわれわれが自由であることを欲したのだ、と。

三つの根本命題における神意識

到達することのできない神についての知のかわりに、ここでは次に、包越的神意識を哲学的な仕方で確認しておこう。

「神が存在する」という命題にあっては、この命題の指示している現実性が決定的に重要である。この現実性は、右の命題を思惟しさえすれば捉えられるというようなものではなく、単に思惟されるだけではむしろ空虚さを残すことになるようなものなのである。というのは悟性や感覚的経験からすれば、この命題に含まれている内容は無に等しいからである。この命題で本当に考えられているもの、それは、実在世界を踏みこえる過程でその世界そのものをつうじて、はじめて本来的現実性として感得されうるものなのである。それゆえわれわれの生の高みであり生の意義となるのは、われわれが、本来的現実性たる神を確実なものにするような場面である。

この本来的現実性は、神との関連という根源性をそなえた実存にとって近づきうるものなのである。それゆえ、神を信仰する根源的な仕方においてはあらゆる中保者が拒否される。神は、万人に対して言表しうるような何か特定の信仰内容のうちですでに現実のものとなるのではなく、また、神の媒介となるような万人に同一の歴史的現実において現実のものとなるのでもない。むしろそれぞれの歴史性にあって、中保者を必要とせず直接的かつ独立的であるような、神に対する単独者の関係が生じるのである。

言表され叙述されうるものとなったこの歴史性は、そうした形態では万人に対する絶対的真理ではないが、しかしなお〔言表に先立つ〕その根源においては無制約的に真実のものである。

現実的に何であろうと、神は絶対のものでなければならず、その言葉の歴史的なあらわれのひとつや人間の言葉のうちにあってはならない。それゆえ、神が存在する場合、神は、単独者としての人間にとって回り道なしに直接に感得されるのでなければならない。

神の現実性と歴史的な神関連の直接性ということのために、普遍妥当的な神の認識はしめ出されるのであるから、神の認識のかわりに神に対するわれわれの態度のあり方が要請されることになる。古くから神は、人間との類比による人格性という形態に至るまでのもろもろの世界存在の形態で考えられている。だがそうしたあらゆる表象は同時に、神をかくすヴェールのようなものでもある。神は、われわれが眼前に思い描くいかなるものにも相当しない。

神に対するわれわれのかかわり方の最も深い表現は、次のような聖書の命題のうちに見られるものである。それは〔第一に〕、あなたは自分のために刻んだ像や自分のために描いた像を作ってはならない〔出エジプト記二〇章の四参照〕というものである。これはまず、神は不可視であるゆえに神像や偶像や彫刻の形で神を崇拝することが禁じられるということを意味する。この明確な禁止は、神は目に見えないだけでなく思いうかべたり考え出したりすることもできない、というところにまで深化される。いかなる肖像も神と一致することはなく、神に代わることは許されない。肖像によるすべての比喩は、例外なしに神話である。つまりそれは、単なる比喩という消滅してゆく性格の点ではそれ自体は有意義なのだが、神の実在そのものだと受けとられる場合には迷信となるのである。

描かれた像として神を直観する仕方はいずれも、神を指示しながらかえって隠蔽するものであるから、神との決定的な近さは形姿を用いぬ仕方のうちにあることになる。しかし旧約のこうした真実の要請は、この旧約自身のなかでさえ充足されえなかった。すなわち〔旧約にも〕形姿をもった神の人格性とか、神の怒りや愛とか、神の豊かさや恩寵といったものが残っているからである。右の要請はもともと充足されえぬものなのである。たしかに、純粋に現実的な神のあり方たる超人格的なものは、パルメニデスやプラトンの思弁的な存在思想やインドにおける梵我の思想や中国の道などによって、捉えがたいまま形象なしに概念的に理解しようとされはした。——しかしこうしたもろもろの思想も、その遂行過程でおのれの求めたものを手に入れることはできなかった。人間の思惟能力や直観能力に対しては常に形象が姿を現わしてくる。そして哲学思想において直観と対象とがほとんど消滅する場合にも、結局はおそらく、その作用によって生を基礎づけるものとなりうるような意識がきわめてひそかにではあるが現前しつづけるであろう。

こうして、一切の自然崇拝や単なる魔神的なものや一切の美的なものや迷信じみたものや理性を媒介とする特殊な聖なるものがすべて解明されたあとでも、最も深い秘密はやはり失われることがないのである。

哲学することの窮極の場における右のひそかな意識をめぐる問題を、考察しておくべきであろう。

この意識は、存在を前にした沈黙である。対象になるとわれわれから失われるようなものの前では、言葉は止揚される。

このような〔存在としての〕根拠は、あらゆる思惟された存在者を踏みこえてゆくなかで手に入れられるが、この根拠そのものを踏みこえることはできない。この根拠の前では、謙虚な態度と一切の要求の消滅とがあるのみである。

そこにはわれわれを庇護するものがあるが、しかしそこが何か特定の場所であるというわけではない。そこには、世界内でのわれわれの道の止揚しがたい不安のただなかでわれわれの支えとなりうるような安らぎがある。

そこでは、思惟は解きゆるめられて明るい境地が生じる。もはや問いが存在しないところには答えもまた存在しない。哲学することにおいて極限にまでおし進められること、つまり問いと答えとを踏みこえてゆくことのなかで、われわれは存在のしじまに到達することができるのである。

聖書のいまひとつの決定的な命題は次のようなものである。

あなたは私のほかに、なにものをも神としてはならない〔出エジプト記二〇章の三〕。この命令の意味は、最初は異教の神のみを否認するものであったが、一なる神のみが存在するという単純にして説明しがたい思想にまで深化されていった。多くの神々をもつ生に対立して、一なる唯一神を信じる人間の生が、根本的に新しい地盤の上に立てられたのである。一者への集中ということが、実存の決断にはじめてその現実的根拠を与える。無限の豊かさということはやはり結局は散漫なあり方なのであって、すばらしいことも、一者における根拠が欠ければ無制約性を失うことになる。人間がおのれの生の根拠として一者を獲得しているか否かは、数千年の昔と同様に現在においても、人間の恒常的な問題なのである。

聖書の第三の決定的命題は次のようなものである。

みこころが行なわれますように〔マタイ六の一〇〕。神に対するこの根本態度は、理解不可能なものは理解可能なこと以上のものであってそれ以下のものではないということを信頼してその理解不可能なものの前にひざまずくことを意味する。「あなたの思いは私たちの思いと異なり、あなたの道は私たちの道とは異なっています」〔イザヤ書五五章の八参照〕と言われるゆえんである。

この根本態度に含まれる信頼によって、包越的な感謝の気持をもつことができるようになり、無言の愛であるとともに非個人的な愛であるような愛が可能になる。

人間は隠れた神としての神性の前に立ち、最も戦慄すべきことをも神の摂理として受容することができるのであるが、ただその場合の人間は、特定のいかなる仕方で神の摂理が言い表わされようと、それはすでに人間的理解の範囲内での言表であり、したがって誤りである、ということを知っている。

要約すれば、神性に対するわれわれのかかわりは、「いかなる彫像をも比喩をも崇拝すべからず」という――また、「一なる神を信じよ」という――要請に従いながら、「みこころの行なわれますように」という態度をもって献身することにおいて、可能となるのである。

信仰と観想

神を考えてゆくことは信仰を開明することである。しかし信仰とは観想することではない。神の信仰には、常にへだたりと疑わしさとが残るのである。信仰にもとづいて生きるということ、それは計量可能な知に支えられることではなく、神が存在するということをめざしておのれを賭した生き方をすることなのである。

神を信仰するということ、それは、われわれが超越者の暗号とか象徴と名づけている現象の多義的な言葉という形以外にはこの世界内にいかなる存在の仕方をももたない何ものかにもとづいて生きる、ということである。

そこで信じられる神は遙かなる神であり、隠れた神であり、証明できない神である。それゆえ私は、神を知らないということを認めねばならないだけではなく、私は信仰しているか否かがわからないということをさえ認めねばならない。信仰は所有物ではない。信仰には、知という安全なものはなく、生の実践のなかでの確認があるのみである。

それゆえ、信仰をもつ者は、客観的なもののあいまいさが残るなかで、〔超越的なものに〕聴従するという絶えざる心構えをもって生きることになる。彼は、聴従できるものに献身するという点で柔和でありながら、同時に迷うことがない。彼は、弱さという衣をまとっていながら強力であり、おのれの現実生活において断固たる生き方をしながらおのれを他者に開いている。

神を考えてゆくことは同時に、すべての本質的な哲学思惟遂行の一例ともなる。というのは、神を考えることは、安全な知を提供するものではなく、本来的自己存在に対しておのれの決断の自由な空間を提供するものであるが、これに対して、哲学する者は、世界内での愛と超越者の暗号文字の解読とを、また理性において立ち現われてくる広範なものを、最も重要視するからである。

したがって〔神について〕哲学の立場から言い表わされることはすべてまったく貧困である。なぜならそれは、傾聴するものの固有のあり方にもとづいてなさるべき補完を必要とするからである。

哲学は信仰を与えるのではなく、ただ、信仰するように覚醒させうるのみであり、――かくしてわれわれが〔神的なものを〕想起し確定し保持するのを助けることができるのである。

人はそれぞれ、本当はすでに知っていたことを哲学において理解するのである。

5 無制約的な要請

死ぬことができることの歴史上の実例

無制約的な行為は、愛や戦いの過程において、また高遠な課題を選びとる際に、生じてくる。そしてその際の無制約的なものの徴表は、生を全体として制約づけていて生を窮極的なものたらしめないような何ものかに、無制約的な行為が根拠をもっているという点にある。

無制約的なものが現実化される際には、あるがままの現存在は、理念や愛や忠実さの素材のようなものになる。ここでの現存在はいわば憔悴しているような状態にあり、単なる生命の恣意性にゆだねられるのではなく永遠の意義をもつもののなかにとり入れられるのである。制約された態度は、まずもって常に、何を犠牲にしても現実の生に留まって生きようとするが、これに対して、無制約的態度から発する断固たる行動は、〔人間の〕限界点における例外的状況のなかではじめて、現実の生を喪失して不可避の死を自らひきうけるという境地に達しうるのである。

たとえば人間は、この世界内でいっしょに生きるために、連帯をもって戦うことに命を賭けてきた。ここでの連帯とは、この連帯によって制約されている生命に無制約的に先立つものであった。

こうしたことはもともと相互信頼の共同体でなされたことであるが、信じ込まれた権威による熱狂させるような命令のもとで生じた場合も数多く、その場合には、権威に対する信仰が無制約的なものの源泉となったのである。この信仰が人の不安な気持をとり除き、自分で吟味するという労を省いたわけである。しかしこの型の無制約的なものには、ひとつのひそかな制約が、すなわち権威の効果という制約が隠されていた。

信仰をもつ者は〔信仰の権威に対する〕服従によって生きてゆきたいと思ったのである。しかるにその権威がもはや権力としての効果を失い、したがってこの権威に対する信仰も破壊されるや、一切を無意味なものとする空虚さが生じることとなった。

こうした空虚さからの救いを可能にするものとしては、いまや、個人としての人間そのものに対する要請、つまり、本当の意味で存在でありおのれの決断の根拠であるものをおのれの自由において獲得すべきだという要請のほかには、ありえないのである。

個々人がこうした無制約的要請に従ったがゆえにおのれの生命をあえて賭したところでは、現実の歴史においてこうした道が歩まれたのである。その場合、当の個人は、忠実さが失われたために一切が破滅してしまい、不実な態度で助かった生命であれば毒されたものとなるような場面で、また、永遠の存在に対することの裏切りのためにいまなお生き残っている現実生活が忌まわしいものと思われるような場面で、忠実さを護持したのであった。

このことを示す最も純粋な人間像はおそらくソクラテスであろう。ソクラテスは、明るい理性のなかで無知という包越的なものにもとづいて生きながら、激昂や憎悪や独善といった激情に妨げられることなく、しっかりとおのれの道を歩んだ。彼は譲歩しなかったし、逃亡の可能性を選びとらず、断固としておのれの信仰をめざして進みつつ晴朗な気持で死んでいったのである。

〔たしかに〕トーマス・モアのように、自分の信仰に対する忠実さという点できわめて純粋な倫理的エネルギーをもった殉教者が存在しはした。しかしほかの数多くの殉教者には疑問がある。あることを立証するためにそれに殉じて死ぬということは、死のなかにある種の目的をもちこみ、かくて不純さをもちこむことになる。殉教者が、たとえばキリストの後継者だと思いこんで死の衝迫にかりたてられる場合には、つまり、そのヒステリックな外見によって人の魂を糊塗することが稀ではないような死の衝動にかりたてられる場合には、この不純なものが生じたのである。

この世の信仰共同体に本質的に帰属するということなしに、つまり神の前でのおのれの上にのみ立ちつつ、哲学することは死を学ぶことである〔プラトン『パイドン』八〇Ｅ―八一Ａ参照〕という命題を現実のものとしたような哲学的人物は、稀にしか存在しない。長いこと死の判決を待っていたセネカは、わが身を救おうとする巧みな努力にうち克ったのであり、そのため彼は、ネロに死を求められたとき、最後に品位のない行動で自分を放棄することもなければ落ち着きを失うこともなかった。異邦人に死を宣告されたボエティウスは、明るい意識で哲学しつつ本来的存在に向かいあって、罪責なき死を死んでいった。ブルーノは、懐疑と中途半端な譲歩とを克服し、現実的目的なしに断固としておのれに固執するという高貴な決断を固め、ついには火刑の薪の山にのぼった。

セネカとボエティウスとブルーノは、われわれと同様に弱さと欠陥をもった人間であった。彼らはまずもって自分自身にうち克ったのであり、それゆえにこそわれわれにとっても人生の指針となるのである。というのは、聖者というものは、われわれにとってやはり、薄暗がりのなかあるいは神話的表象という非現実的な光のなかでしか捉えられず、現実主義的な見方には耐ええない人物であるからである。〔聖者の場合は〕想像上のものが効力のない信仰心を可能にするにすぎないのに対して、〔セネカの場合のように〕人間であるかぎりの人間に可能であった無制約性は、現実にわれわれの精神を鼓舞するのである。

無制約的な要請

われわれは、人は死の能力をもつという歴史上の実例を回想したが、こんどは、こうした無制約的要請の本質を明らかにすることを試みよう。

何をなすべきかという問いに対する解答を、私は〔通常〕、有限な目的とそのための手段を示すことによって得ている。私は栄養になるものを獲得せねばならず、そのためには労働が要請される。また私は、共同体のなかで人々と仲よく暮らすべきであり、そのため、生活の知恵にもとづくもろもろの規則によっていろいろな指図を受けている。いずれの場合にも、ひとつの目的が、それにふさわしい手段を用いるうえでの制約となっている。

ところが、その目的はなぜ重要であるのかということの根拠となると、それはひとつには、自明の現存在的利害つまりは功利ということにあるとみられる。だが現存在とはいかなるものか——何のためのものかといった疑問が残るがゆえに、現存在それ自体は窮極目的ではない。

次にそうした要請の根拠は、別の人が「我それを欲す」と言って下す命令もしくは「〔聖書に〕かく記されている」ということによって私が従わざるをえない権威にあるとみられる。しかしながら、そうした権威は常に、疑問視されることがなく、それゆえ吟味を受けていないものなのである。

こうしたもろもろの要請はすべて制約されたものである。というのはそれらは、現存在目的もしくは権威という他のものに私を従属せしめるからである。これに反して、無制約的要請は私自身のうちにその根源をもっている。制約された要請は、私がそれに頼って外的なおのれの身を支えてゆくことができるようなそれぞれ限定された要請として、私に対して現われてくる。ところが無制約的要請は、私自身のうちにあって単なる私自身ではないようなものによって内面的に私を支えながら、私の内面から到来するものなのである。

この無制約的要請は、単なる現存在としての私に対する私の本来的自己の要請として私に現われてくる。私には、私がそうあるべきであるがゆえに私自身そうであるようなものとして、この〔本来の〕私が覚知せられる。この覚知は当初はあいまいであるが、私の無制約的行動の窮極の場面では明白になる。無制約的なもののなかでこの覚知が成就される場合には、〔私の〕存在意義が確信されることにおいて疑問は止揚される——もっとも、現実の時間内ではただちにまた疑問が生じ、確信は、変容する状況のなかで常に新たに獲得されねばならないのではあるが。

この無制約的なものは、もろもろの目的を設定する根拠であるから、目的にかなった一切のことがらに先行するものである。それゆえ無制約的なものは、意欲して獲得されるものではなく、意欲が生じてくる根源をなすものなのである。

行為の根拠としての無制約的なものは、それゆえまた認識のかかわりうることがらではなく、信仰の内実をなすものなのである。自分の行為の根拠と目標とを認識しているかぎり、私は有限なものと制約されたものの枠内に留まっている。もはや対象的には根拠づけられないものにもとづいて生きるところではじめて、私は無制約的なものにもとづいて生きることとなる。

無制約的なものの特徴についての素描

次に、この無制約性ということの意義を、若干の特徴的命題をつうじて叙述しておこう。

事実上の存在状態ではなく、反省と決意によって存在する

第一——無制約性とは事実上の存在状態ではなく、理解しがたい深みから反省をつうじて明らかになってくる決断、私自身がそれと同一であるような決断である。だがこのことはどのような意味をもつのであろうか。
無制約的であるということは、永遠なるものに関与し存在に関与することを意味する。それゆえこの無制約性からは絶対的な信頼と忠実さが生じてくる。無制約性は自然的なものではなく右のような決断をつうじてのものなのである。そしてこの決断は、反省によって生じてくる明るい意識をつうじてしかなされえない。心理学的に表現すれば、無制約性はある人の瞬間的状態のうちにあるのではない。この事実上の瞬間的なあ

れこれの状態は、瞬間的に作用する圧倒的なエネルギーをもつにもかかわらず突如として麻痺してしまい、忘れられやすく頼りにならないものであるということが顕わになる。またこの無制約性は生まれつきの性格のうちにあるのでもない。というのは、性格は再生によって変容しうるからである。さらにまた無制約性は、神話的表現で人間のデーモンと言われるもののうちにあるのでもない。デーモンは忠実ではないからである。あらゆる種類の情熱とか現存在意志とか自己主張といったものは、圧倒的に強力ではあるが、やはり瞬間的であって無制約的ではなく、むしろ制約されたものであり、それゆえはかないものなのである。

こうして、反省によって貫徹された実存の決断のうちにこそはじめて、無制約性があることになる。すなわち無制約性は、事実上の存在状態にではなく自由に由来するものなのである。もっともこの場合の自由とは、自然の必然的法則性によってではないがその自由の超越的な根拠によってけっして他のようにはありえない自由である。

無制約的なものは、一人の人間の生は最終的に何にもとづいているのか、その生は価値があるのかそれとも無意味であるのかを決定する。この無制約的なものは隠されていて、極限的な場合にのみ沈黙の決意をつうじて当人の生涯を導くものであり、直接にそれだと指示しうるものではない。もっともそれはやはり、常に実存にもとづいて営まれる生を実際に支えていて、際限なしに開明可能なものではあるのだが。

樹木が高くそびえるとき地中にも深く根をおろすのと同様に、全体として人間的であるような人は無制約的なもののなかに深く根をおろしている。そうでない人は、引き抜かれて植えかえられ均一化されて、絶滅しないようにまとめられている灌木のようなものである。もっとも、無制約的なものの内なる根拠がつかみとられるのは、上昇してゆくことによってではなく違った次元への飛躍によってであるから、そのかぎりではこの比喩は不適切である。

信仰のうちで、および信仰にとって

第二——無制約的なものを特徴づけるための第二の命題は、無制約性の成就を可能にする根源たる信仰のうちでのみ、また無制約性を見てとる信仰にとってのみ、無制約性は現実のものである、という命題である。無制約的なものを証明することはできず、世界内の現存在として示すことはできないのであって——歴史上のさまざまな証拠は単にそれを暗示するものにすぎない。われわれの知っていることは常に、制約されたものなのである。無制約的なものにあってわれわれを充実するものは、証明可能なものを基準としてみれば、現存しないのと同然である。証明された無制約性なるものは、それ自体強引な暴力であり狂信であるにすぎず、粗雑なものか狂気かのいずれかである。本来的な無制約性なるものがあるか否かの問題については、この世界では、懐疑的な議論のほうが一般的な説得力をもっている。

たとえば、無制約的なものという意味での愛、つまり、永遠の根拠に根ざしたもので、単なる人間の好み、魅惑、習慣、契約への忠実さといったものではないような愛が存在するか否かは疑わしい。また、愛の戦いという形での本来的交わりが可能であるか否かの問題となれば、それに対して否定の答えをすることができる。挙示することのできるもの、それはまさに挙示されうるという点において、無制約的ではないのである。

時間のうちで

第三——無制約的なものの特徴を示す第三の命題は、無制約的なものは時間のうちにありつつ無時間的である、という命題である。

人間の無制約性は、彼の現存在とは異なり、与えられたものではない。無制約性は時間のなかで生きる人間に対して生成してくるものなのである。人間の内面で自己超克がなされ、無制約的決断が確かになったといえるところにまで人がおのれの道を歩んでゆく場合にはじめて、無制約性は本当のものになる。これに反して、はじめから存在している窮極的なものとか、魂が抽象的に確固不動であることとか、単に持続的であるものは、信ずるに値する無制約性をもった人間を感じとらせるものではない。

無制約性は、限界状況を経験することによって、また自分に対して不実になる危険を感じとることによって、時間のなかであらわになってゆく。

しかし無制約的なものそのものはけっして時間的なものではない。無制約的なものが存在する場合、それは同時に、時間を断ち切って存在するのである。無制約的なものが獲得される場合、それはやはり新たな各瞬間における本質的存在の永遠性として、あたかも常に繰り返される再生によるかのように根源的である。それゆえ次のような結果が生じる。すなわち、時間的な発展によって或る無制約的なものを所有するようになったと思われる場合に、やはり一瞬にしてすべてが裏切られるということがありうるし、また反対に、際限のない制約を負わされた単なる事実上の存在としての人間がおのれの過去のために破滅に至るほどの罪を負わされると思われる場合に、やはりなおその人が、無制約的なものを突如として覚知することによって、あらゆる瞬間にいわばはじめからものごとを始めることがありうる、という結果である。

善と悪

以上の議論によって無制約的なものの意義を素描したが、しかし無制約的なものの内実を言い当てたわけではない。無制約的なものの内実は善悪の対立ということからはじめてあらわになってくる。

無制約的なものにあってはひとつの選択がなされる。そこでは決断が、人間の実体をなすものとなったのである。〔無制約的なものに触れる〕人間が、善と悪とのあいだで決意する際に、善と解したほうを選びとったというわけである。

善悪は次の三つの段階で区別される。

第一に、悪とみなされるのは、傾向性と感性的衝動や、この世の快楽と幸福や、現存在そのものに、直接にかつ制限なしに没入することである。要するに、制約されたもののうちに留まり、それゆえおのれの生のできばえが良かろうと悪かろうとおのれが違ったものになることに不安を感じつつ動物の生と同様にただ漫然とすごされる人間の生、つまり決意することのない人間の生が悪いのである。

これに反して、右のような現存在の幸福を断念するわけではないがこの幸福を道徳的に価値あることがらの制約のもとにおくような生は、善である。道徳的に価値あることとは、道徳的に正しい行為の普遍的な法則と解される。そしてこの際の道徳的価値が無制約的なものなのである。

第二に、傾向性に屈するという右の単純な弱さに対して、カントが理解したように、次のような倒錯こそが本来の悪だとみなされる。それは、善が私に何の実害も与えない、もしくは私にとってやはりあまり大きな負担にならないといった場合にのみ私は善を行なうという倒錯である。抽象的に言えば、道徳的要請という無制約的なものを欲してはいるのだが、感性的な幸福衝動を妨げずに満足させるという条件のもとで服従が可能であるかぎりにおいてのみ善の法則に服従する、という倒錯である。すなわち、そうした条件のもとでのみ善を欲する、つまり無制約的な仕方によらずに善を欲するという場合である。この見せかけの善は、私が善いことを自分の利益のためにすることができる好都合な事態といういわば一種のぜいたくのようなものである。道徳的要請と私の現存在関心とのあいだに葛藤がある場合、私は、そのつどこの現存在関心の大きさに従って、おそらくはあいまいなままに、どんな恥ずべき行為をもなしうるようになっているのである。自分が死なずにすむためには、私は命令によって殺人におもむくこととなる。そしてこうした葛藤がなくてすむような幸福な境遇にあることによって、私の悪しきあり方にヴェールがかけられるのである。

これに反して、制約関係のこの倒錯、つまり無制約的なものを現存在的幸福の制約のもとに従属せしめることを本質とするようなこの倒錯からもとにもどること、したがって本来の無制約性に還帰することが善である。それは、動機の不純さという点での絶えざる自己欺瞞から無制約的なものの真剣さへの変革である。

第三に、悪への意志、すなわち破壊そのものを欲する意志、他者の苦痛や残忍さや否定に向かう意志、存在していて価値がある一切のものの堕落を欲する虚無的意志こそが、はじめて悪とみなされるのである。

これに対して、現実性への愛でありしたがって現実性に向かう意志であるような無制約的なものが善であるとされる。

以上三つの段階の善悪を比較してみよう。

第一段階での善悪の関係は道徳的なものである。すなわち、倫理的法則に従おうとする意志によって直接的な衝動を支配することが道徳的なのである。カントの言葉で言えば、ここでは傾向性に対して義務が対立する。

第二段階での善悪の関係は倫理的なものであり、そこでは動機の真実性ということが問題となる。そこでは、実際に無制約的なものが制約されたものに従属することになる制約関係の倒錯という形での不純さに対して、無制約的なものの純粋さが対立する。

第三段階での関係は形而上学的なものであり、そこでは動機の本質ということが問題となる。そこでは、愛が憎悪に対立する。愛が存在をめざしておし進むのに対して憎悪は非存在をめざしておし進む。また、愛が超越者に対する関係から生じるのに対して、憎悪は超越者から遊離して利己的なものに沈んでゆく。さらに、愛が世界内での静かな建設としてはたらくのに対して、憎悪は、現存在の内なる存在を根絶しこの現存在そのものをも否定する声高い破局としてはたらく。

三つの段階のいずれにあっても或る選択が示されており、したがって決意すべしという要請が示されている。人間は、本質的であるかぎり、善か悪かの一方のみを意欲することができる。すなわち人間は、傾向性に従うか義務に従うかのいずれかであり、また、おのれの動機の倒錯状態に陥るかもしくはその動機の純粋な状態を保つかのいずれかであり、さらに、憎悪によって生きるか愛によって生きるかのいずれかである。もっとも人間はこの決意を中断することができるのであって、その場合のわれわれは、決意するかわりに、善悪のあいだをゆれ動きつつよろめいて生きてゆき、善悪の一方と他方とを結びつけ、この事態をやむをえない矛盾として承認することになる。こうした非決意性ということがすでに悪なのであって、人間は善悪を区別する場合にはじめて目ざめるのである。また人間は、自分がどこに向かおうとするかをおのれの内面で決意する場合に自己自身となるのである。われわれはすべて、非決意性の状態から常に新たに自己を再獲得してゆかねばならない。われわれは、自分を善へと完成させる能力はまったくないのであって、そのため、義務を明白にするためには現存在における魅惑的な傾向性の力さえも欠かすことができず、また、現実にわれわれが愛しているまさにそのときに憎悪するということもせざるをえないのである。つまり、私の愛するものを脅かすようなものを私は憎悪せざるをえないし、さらには、自分の動機が確実に純粋だと考えるまさにそのときに不純さという倒錯に陥ってしまうのである。

善悪の三つの段階でのこうした決意には、それぞれ固有の性格がある。道徳的段階では、人間は、思考によって自分の決断を正しいものとして根拠づけようとする。倫理的段階における人間は、おのれの善意志を再生させることによって、倒錯状態から自己を再建する。形而上学的段階での人間には、愛することができるという点で自分自身が贈与されたものであるということが意識される。人間は、〔道徳的には〕正しいものを選択し、〔倫理的には〕おのれの運動の根拠において真実のものとなり、〔形而上学的には〕愛によって生きることになる。この三重のものが統一を保つなかではじめて、無制約的なものが実現されうるのである。

愛によって生きること、このことが他のすべての段階を包含するように思われる。現実の愛は同時に、その行為の倫理的な真理性を確実なものにするのであって、それゆえアウグスティヌスは、愛せよ、そして汝の意志することを行なえ〔アウグスティヌス『ヨハネ第一書簡に関する説教』〕と言ったのである。しかしながらわれわれ人間には、第三段階の力たる愛によってのみ生きるなどということは不可能である。なぜなら、われわれはたえず逸脱と錯誤に陥るからである。それゆえわれわれは、おのれの愛を盲目的にかつあらゆる瞬間に頼りにするということはできず、むしろ愛を開明しなければならないのである。そしてまたそれゆえに、われわれ有限な存在者にとっては、自分の情熱を意のままにしうるだけの抑制の訓練が不可避であるし、また自分の動機の不純さに起因する自分自身への不信感を回避することは不可能である。自分を確かなものと感じるとき、われわれはまさに誤りに陥るのである。

善の無制約性によってはじめて、単なる〔形式的〕義務が内実でもって充たされ倫理的動機が純粋なものに純化されうるのであり、憎悪の破壊意志を解消することができるのである。

しかしながら、無制約的なものを基礎づけている愛の根拠は、本来的現実性に至ろうとする意志と一体のものである。私は、愛するものが存在することを欲する。そして他方私は、本来的であるものを、それを愛することなしには見てとることができないのである。

6 人間

研究可能性と自由

人間とは何であろうか。人間は身体としては生理学によって、魂としては心理学によって、共同体的存在者としては社会学によって研究される。われわれは自然的存在者としての人間について知っており、人間のそうした自然的なあり方を、他の生物の場合と同様に認識してゆくのである。他方またわれわれは歴史的存在者としての人間についても知っているが、この場合の歴史とは、われわれが伝承を批判的に純化することによって認識するものなのであり、また行動し思惟する〔過去の〕人間が考えていた意味を了解することによって、さらにはもろもろの動機や状況や自然的実在から歴史的事象を説明することによって、認識するものなのである。人間の研究によってもろもろの知が提供されてきたが、しかし全体としての人間についての知が得られたわけではない。

問題なのは、人間について知られることによって人間というものがそもそも理解しつくされるか否かということである。あるいは、人間とは彼について知られる以上の何ものかではないのか、つまり人間とは、あらゆる対象的認識から遠ざかってはゆくがしかし避けがたい可能性として彼が現にそなえている自由なのではないのか、ということが問題である。

実際にわれわれは二重の様態において、すなわち、研究対象としての人間および、一切の研究の近づきえない自由すなわち実存としての人間という二つの様態において、人間なるものに接近することができる。第一の場合には対象としての人間が問題となるが、第二の場合には〔人間における〕非対象的なものが問題となるのであって、この非対象的なものとは、人間がおのれ自身を本来的に意識するときの人間のあり方であり、そのときに覚知されるものなのである。人間が何であるかということは、人間について知られたことによって言いつくすことはできず、われわれの思惟と行動との根源において経験されうるのみである。原則的に言って、人間とは自分について知りうる以上のものなのである。

われわれに対するもろもろの要求があることに気づくとき、われわれは自分が自由であることを意識する。というのも、そうした要求を成就するかそれとも回避するかということが、われわれの態度いかんにかかっているからである。われわれは、自分が何ごとかを決定するとともに自分自身のことをも決定しているということ、われわれには責任があるということに、まともに異論を唱えることはできない。

およそこのことを拒否しようと思うような者は、必然的に他者に何ごとをも要請することができないことになる。ある被告が法廷で、自分はこのように生まれついていてほかのようにはできなかったのだから責任は負えないのだと言っておのれの無罪の理由を主張したとき、裁判官は上機嫌で次のように答えた。もし君の言うことが正しいなら、君を罰する裁判官――つまり、事実上こうした人間であって与えられた法律に従って必然的にこのような行為をせざるをえないからにはほかのようにはできない裁判官――の、行為に関する理解の仕方も正しいことになるはずだ、と。

自由と超越者

自由がわれわれにとって確実なものになるやただちに、自己理解に至る第二の歩みがなされることになる。その歩みとは、人間が神と関連した存在者であるということである。だがこのことは何を意味するのであろうか。

われわれは、自分で自分を創造したのではない。人はだれでも自分について、自分が存在しないこともありえたと考えることができる。存在しないこともありえたという点では、われわれは動物と共通である。しかしそのうえわれわれ人間は、われわれ自身によって決意する場面でありわれわれが自動的には自然法則に服属しない場面である自由をもちながらも、われわれ自身によって存在するのではない。むしろわれわれは、おのれの自由において〔超越的なものから〕贈与されているのである。われわれは、愛することなく、またなすべきことがわからない場合、おのれの自由を無理にはたらかせることはできない。自由に決意し有意義な生を選びとる場合、われわれは、そうした自分が自分自身の力によるものではないことを意識している。自由の高みには、自分の行為を必然的なものだと感じる――といっても、自然法則に従う不可避の生起という外的強制によってではなく、ほかのようにはまったく意欲しようがないということの内的承認として、そう感じるのである。そしてこうした自由の高みにあっては、われわれは、おのれのこの自由において超越者から与えられたものとしておのれを意識する。人間が本来的に自由であればあるほど、神はそれだけ確実なものとなる。私が本来的に自由であるところでは、私は私自身によってそうなのではないということが確信されるのである。――われわれ人間は、それ自体で十分であるような存在ではない。われわれは自分以上のところへおし進むし、われわれの無意味さをも同時に見通させてくれる深い神意識とともに自ら成長してゆく。

人間が神と関連するということはおのずからそなわっている性質ではない。神との関連はもっぱら自由と一体のものであるから、各人が単なる生命的な現存在維持から自己自身へと飛躍を遂行する場合にはじめて、その関連が各人に輝いてくるのである。そして自己自身へのこの飛躍とはすなわち、人間が世界から真に自由でありつつ今はじめて世界に対しておのれを開くようになるところへの飛躍であり、また、神と結びあって生きるがゆえに彼が世界から独立的でありうるようなところへの飛躍である。私が本来的に実存する程度に応じて、私にとって神が存在するようになるのである。

中間での再論

以上の叙述を繰り返しておこう。世界内の現存在としては、人間は認識可能なひとつの対象である。人間は、たとえば種族論においては特殊な種として捉えられ、精神分析においては意識下のものおよびその作用として捉えられ、マルキシズムにおいては労働によって生産する生きものとして、つまり、おのれの生産によって自然の支配と共同体とを獲得するような、しかも完全だと自称する仕方でこの両者を獲得するような生きものとして捉えられる。しかしながらこうした認識過程はすべて、人間に関する何がしかのことを、つまり事実上生起している何がしかのことを捉えはするが、けっして全体としての人間を捉えるものではない。そのような学問研究の理論は、全体的人間の絶対的認識にまで高められることによって――上述の諸理論はすべて実際にそうされてきた――、本来的人間を見失うことになるのであり、また、この理論を信ずる人の心のなかで、人間の意識と結局は人間性そのものを、つまり自由である人間とその神との関連とを、消滅してしまう限界にまで至らせるのである。

人間についてのもろもろの認識を追究することはきわめて興味ある問題であるし、学問的批判を伴いつつなされるかぎり追究に値することである。その場合、次のようなことが方法的に知られる。すなわち、人は何をいかに知り何ものかをいかなる限界内で知るのであろうかということであり、また、可能的なものの全体を基準とすればそうした知がいかにわずかなものにすぎないかということであり、さらには、本来の人間存在はこうした認識にとっていかにまったく近づきがたいものであるかということである。そしてこの場合には、人間についての見せかけの知によるもろもろの隠蔽のなかで生じる危険を回避することができるのである。

導　き

こうした知の限界が知られる場合には、それだけ明白に、われわれは、神と関連しているわれわれの自由に応じてその自由そのものによってわれわれが見いだしてゆく導きに、わが身を任せることとなる。

こうした導きがどこから獲得されるかという問題は、人間存在の大問題である。というのは、次のことが確実なことであるからである。すなわち、人間の生は、世代が継起する際に自然法則的な同一の反覆をするにすぎない動物の生と同じように経過するのではなく、むしろ人間の自由は、人間の存在の未確定性とともに、人間がなお本来的にありうるものとなる好機をも開示する、ということである。いわば自由に物質にかかわるのと同様に自由にもとづいて自分の現存在にかかわるということが、人間の資質として与えられているのである。それゆえ人間のみが歴史をもっている。すなわち、人間は単におのれの生物学的遺伝にもとづいて生きるだけではなく伝統にもとづいて生きもするのである。人間の現実的な生は自然の生起と同じように推移するだけではない。むしろ、人間の自由が導きを呼び出すのである。

この導きが人間に対する人間の暴力におき換えられるという点については論じないことにして、ここでは人間の窮極的な導きを問題にしよう。哲学的信仰の主張するテーゼは、人間は神による導きのうちで生きることができるというものである。このテーゼがどのようなことを意味するかを明らかにしなければならない。

われわれは、無制約的なもののうちでは神による導きが感得されると信じている。しかし、神が具体的なものではなく、神そのものとして明確な姿で現存することはけっしてないとすれば、どうしてそのようなことがありうるのであろうか。神がわれわれを導くという場合、神の欲することをわれわれは何をつうじて聞きとるのであろうか。神との人間の出会いということはあるのであろうか。〔あるとすれば〕その出会いはどのようになされるのであろうか。

人生行路の決意の問題において長期の懐疑ののちに突然確信が生じてくるさまが、もろもろの自伝的な叙述で報告されている。この確信は、あてどのない動揺ののちに到達された、自分が行動できることの自由である。しかし人間がこの確信を明断に保持しつつより決定的におのれの自由を自覚すればするほど、彼がそれをつうじて存在しているところの超越者もまた、それだけ明白なものとなる。

キルケゴールは、自分が神の手にあることの自覚に到達するほどに、神の導きについて日々自己反省を行なった。つまり彼は、彼の行なった行為や世界内で彼の身に起こったできごとをつうじて神の声を聞いたが、しかしその聞きとったことをいずれも多義的な形で経験したのであった。明確に捉えられる導きや一義的に下された命令が彼を導いたのではなく、その導きは、超越的根拠において拘束されていることが知られるがゆえに決断を自覚しているような自由そのものをつうじての導きであった。

超越者によるこの導きは、世界内でのいかなる導きとも異なるものである。というのは、神による導きにはただ一つの仕方しかないからである。つまりその導きは、〔人間の〕自由そのものを経てゆく道程でなされるのである。伝統と環境から個々人のほうにやってくる一切のものに対して個人が身を開いている場合に、自己を確信せるその個人に対してたち現われてくるようなもの、こうしたもののうちに神の声があるのである。

人間は、おのれ自身の行動に関するおのれの判断を媒介として導かれてゆく。この判断は、彼の行動を阻止もしくは推進するものであり、またその行動を修正しもしくは真実だと証しするものである。人間の行為に対する判断としての神の声には、現実の時間内の表現としては、おのれのもろもろの感情や動機や行為に関する人間の判断による表現以上のものは含まれていない。自由で誠実な仕方で判断しつつ自己を認知することにおいて、また自己を告発し自己を肯定することにおいて、人間は、けっして最終的ではなくやはり常にあいまいな仕方で、間接的に神の判断を見いだしてゆくのである。

それゆえ、人間の判断には神の声そのものが最終的に見いだされるとか、自分の判断において自分自身を頼りにすることができると考えられるとすれば、そうした人間の判断ははじめから誤りである。われわれの道徳的行為の自己満足のなかに、ましてや誤って正しいと思いこむ自己満足のなかに、われわれは自分の独断的態度を苛責なく見ぬかねばならない。

実際に、人間は全体的かつ決定的に自分に満足するということはできないのであって、自分について判断する際に自分だけに頼ることはできないのである。それゆえ人間は、自分の行為に関する隣人の判断を求めざるをえない。その場合、人間は、自分が判断をあおぐ人の位階に対して敏感である。凡庸な者や大衆や堕落した者や堕落した機関の言うことによっては、彼はそれほど左右されることはない。――といってもそうした発言がどうでもよいというわけではないが。しかしまた、結局のところ最も決定的な判断となるのは、当人にとって本質的な意味をもつ人の判断――その判断が世界内で手に入れられるかけがえのないものではあっても――でもない。神の判断こそ決定的なものであろう。

自分について判断する個人が完全に自主的であるということは、実際にはいままでほとんどなかったことである。彼にとってはいつも、他者がどう判断するかが本質的に重要なことなのである。誤ることなく勇敢に死におもむく原始的民族の英雄的態度も、やはりほかの人たちの目を顧慮した生き方であって、死地におもむくエダ〔古代アイスランドの神話・英雄伝説集〕の英雄の慰めとなるのは、おのれの名誉が不滅だということである。

本当に孤独な英雄の精神はこれとは別のもので、共同体に支持されもしなければ死後の名声をおもんばかりもしない。純粋に自分＝自身の＝上に＝立つという生き方を支えるものは、おそらく、恵まれた性質の者がおのれ自身と一致するということであろう。そしてそうした生き方も、おそらく無意識的には、やはり、回想される共同体としての歴史的伝統をもつ実体的なものから培われたのであろうが、しかしそうした生き方をする当人の意識にあっては、現在の世界のなかでおのれの生き方を支えるものはまったく見当たらないのである。しかし、この英雄的精神は、虚無的なものに陥るのでないかぎり、本来的であるもの、いうなれば人間の判断ではなくて神の判断というべきもの、こうしたもののなかでの或る深い結びつきを示唆している。

普遍妥当的な要請と歴史的な呼びかけ

人間を導いてゆく判断の真理性は、自己確信を媒介とする道程におけるものである以上、二つの形式において、すなわち普遍妥当的な要請および歴史的な呼びかけとして現われる。

普遍妥当的な倫理的要請は人の洞察力によって確信されるものである。モーゼの十戒以来、こうした要請は神が眼前に現われる形式のひとつである。人間が、自力でなしうることだけに厳しく制限される場合には、こうした要請は、もちろん神への信仰がなくても承認され服従されうるものではある。しかし、自由を伴いつつ洞察される倫理的命令に服従しようとする真剣さは、ほかならぬその自由のなかで超越者の声を聞くことと結びあっているのが常である。

しかしながら、こうした普遍的な命令と禁令からは、具体的状況のなかでなさるべき行為を十分に導き出すことはできない。むしろ歴史的にそのつど現前している状況には、このように行為せざるをえないということを示す直接的で他のものから引き出すことができない要請による導きが含まれている。しかし、個人がおのれのなすべきこととしてその導きのなかに聞きとったと思うことがらは、まったく確信されてはいても疑問の残ることがらである。神の導きを聞くということの本質には、誤りを犯す危険が含まれており、したがって謙虚さが必要になる。そしてこの謙虚さは、確信における確定性を排除し、おのれの行為を万人に対する要請にまで普遍化することを禁じ、かくして狂信を防いでくれるのである。それゆえ、神の導きのもとで見てとられる道がこのうえなく純粋にはっきりしている場合でも、この道は、これこそ万人にとっての唯一の真実の道だと自己確信されるものとなってはならない。

というのは、一切のことがあとでなお違った様相を呈するということは、常にありうることだからである。また、明白ではあっても間違っている道を進むという場合もありうるのである。決断がこの世界の現象であるかぎり、決断のもつ確実さのなかにさえ、ある動揺が残らざるをえない。というのは、おのれを絶対に真実であるとする高慢は、この世界における真理を本当に破壊するような危険であるからである。あるひとつの瞬間における確信には、疑問が残っているという謙虚さが欠落してはならないのである。

理解しがたい導きにふれて大きな驚きにうたれるということは、ふり返ってみた場合にはじめて可能なことである。しかしこの場合もまた確実なものがあるわけではなく、神の導きを所有物とすることはできないのである。

心理的にみれば、神の声は、高揚した瞬間にのみ聞きとることのできるものである。われわれは、こうした瞬間に根ざして、またこうした瞬間をめざして生きているのである。

超越者へのかかわり

人間が超越者による導きを経験する場合、超越者はその人にとって現実のものとなるのであろうか。その際の人間は超越者にどのようにかかわるのであろうか。

超越者に対するわれわれの本質の関係は、直観できるものをもたない貧しいものでありながらも、一切を決定づける厳粛なものでありうる。しかし自分の世界に住む人間たるわれわれは、おのれの確信を支える支点を、直観できるものに求めてゆく。この場合、世界内での最高の直観可能な姿は、人格と人格の交わりである。それゆえ超越者との関係は、――不適切な言い方をすることになるが――人格神との出会いのなかにおいて直観的に現前するものとなる。人格であるという局面において神性がわれわれに関係づけられ、それと同時にわれわれのほうは、この神と語ることもできるような存在者へと高まるのである。

この世界では、われわれを打ちのめすようなさまざまな力がわれわれを支配しようとしている。将来に対する恐れとか、現在の所有物への不安に充ちた執着とか、起こりうべき恐怖を前にした憂慮といった力がそうである。そうした力に対抗して、最悪の事態や説明しがたいことやまったく無意味なことのさなかにあってさえ、死に直面して安んじて死んでゆくことを可能にするようなある種の信頼というものを、人間は獲得することができるのである。

われわれは、存在の根拠に対するこうした信頼を、現実の目的に無関係な感謝とか、神の存在への信仰における安らぎと表現することができる。

人生におけるわれわれの自由からみれば、われわれはあたかもこうした存在の根拠から援助を受けることになるかのように思われる。

多神論では、神々とデーモンたちが味方と敵とに分かれている。「ある神がそうしたのだ」というのは、もろもろのできごとや自分のもろもろの行動に対応した意識である。この意識は、そうしたできごとや行動を高揚し神聖にするが、しかしまたそれらを、多様な生命的現実生活と精神的現実生活との諸可能性のなかで散漫なものにしてしまう。

これに反して、根本的に神の援助に依存していることを自覚している本来的自己存在にあっては、神の援助は一なるものの援助である。神が存在するならデーモンは存在しないはずである。

こうした神の援助は、ある特定の意味に局限されてその意味を失うことがしばしばである。たとえば、目に見えぬ神との出会いであるような祈りが、このうえなくひそかな沈黙の瞑想から逸脱し、人格神の救いの手を求める情熱を経て、現存在的欲望という目的のためにこの神を呼び求めるものになるという場合がそうである。

人生を透視できるようになった人間に対しては、すべての可能性、つまり逃げ道のない絶滅という状況をも含めた可能性が、神によって贈与されている。こうしてそれぞれの状況が、そのなかに置かれて生成し挫折する人間の自由に対して課せられる課題であることになる。しかしこの課題は、内在的な幸福目標としては十分に規定されえず、超越者というかけがえのない唯一的現実性をつうじて、またこの超越者のうちで顕わになってくる愛の無制約性をつうじて、はじめて明白になる。そしてこの無制約的な愛は、この愛の理性にもとづいて無限におのれを開きつつ存在を見てとるのであり、世界という実在的なものの内に超越者の暗号を読みとることができるのである。

聖職者の要請と哲学

聖職者たちはよく、哲学しながら神に関係している個人の誇り高い独立性に対して非難をあびせる。彼らは啓示の神に対する服従を要求するわけである。こうした聖職者に対しては、次のように答えらるべきである。すなわち、哲学する個人は、客観的に保証された形で神の意志を知ることはなく、むしろ、絶えざる冒険をおかしながらおのれの心の深みから神に従うことを決意する場合に信仰をもつことになるのだ、と。その場合、個人の自由な決断をつうじて神がはたらくのである。

聖職者たちは、神に対する服従を、教会や聖典や律法――神の直接的啓示とみなされるもの――といった、この世に現われた法廷に対する服従と混同している。

たしかに、この世でのこうした客観的法廷に対する服従と、根源的に経験された神の意志に対する服従とのあいだには、最終的には真の一致が存在しはする。しかしながら、こうした一致は、戦いとられねばならないものなのである。

個人が経験しえた神の意志を客観的な法廷に対抗させて重視しようとするのであれば、それは、普遍的なものや共同体的なものによる検証を回避しようとする恣意につうずる誘惑である。そして、これとは反対に、客観的法廷を個人の経験した神の意志に対抗させて重視しようとするのであれば、それは、現実そのものから神の意志を聞きつつ客観的法廷に反しても神に従おうとする断固たる冒険を、回避しようとする誘惑である。

信頼に値する律法やある権威の命令のうちにおのれの足場をつかみとろうとするとき、ある種の当惑が生じてくる。これに反して、現実性全体から超越者の声を聞くという態度には、個人の責任という人を飛翔せしめるエネルギーがある。

人間存在の位階は、超越者の声を聞きとりながらおのれの導きを獲得してゆく根源の深みにかかっている。人間であるということは人間になることなのである。

7 世界

実在、科学、世界像

われわれが実践する際に眼前に存在しているものとか、事物や生きものや人間との交渉のなかでわれわれの邪魔になったり何らかの材料になるようなもの、こうしたものをわれわれは実在と呼んでいる。われわれ人間はこうした実在を、それとの日常的な交渉をつうじて、また職業的な技能をつうじて、技術的にそれを整備することをつうじて、さらには他の人々との習慣的な交渉とか一定の方法による秩序づけや管理をつうじて熟知している。

生活実践のなかでわれわれが出会うものは、科学的認識によって明らかにされ、実在に関する知として新たな実践のために再び役立てられる。

しかし実在についての科学は、もともと現存在の直接的利害をこえ出たものである。常に同時に戦いでもある生活実践とか、抵抗を克服してゆく経験といったものは、科学のもろもろの根源のひとつであるにすぎない。人間は、一切の生活実践上の利害とは無関係に、現実的であるものを知りたいと思うのである。諸科学の根源としてよりいっそう深いものは、純粋に瞑想にふけることであり、洞察しつつ沈潜することであり、世界から与えられるもろもろの答えを聞きとることである。

知るということは、その方法をつうじて、また、そのつど知られる一切のものの組織的な統一づけをつうじて、すなわち、ばらばらに拡散している知をこえてそれらの知を関連づけている原理へと前進することをつうじて、学問的なものとなるのである。

実在についてのこうした知は、世界像という姿において完結しているようにみられる。実在の全体が、あらゆる次元を自分のうちに取り込んでいる唯一的世界として、つまり世界像という形での世界全体として、眼前に現われるはずだとされるのである。常に不完全で修正を必要とするにせよ、やはりこの世界像は常に認識の成果であると考えられ、実在全体としての存在に近づくことのできる形態として原理的に獲得できるものと考えられている。この世界像は、すべてを関連づける知の総体を包括すべきものとされる。人間が認識を始めたその最初に、こうしたもろもろの世界像が成立したが、認識する者は常に、一なる全体者を確実なものとするために一なる世界像を求めるのである。

さて、世界をひとつの全体としておのれのうちで完結せしめているような包括的な世界像を求めること、つまりひとつの全体的世界観を自明のものとして渇望することが、原則的な誤り——近代になってようやく完全に明白になった誤り——にもとづくものであるということ、このことは特記すべきことであり、そのなかには多くの帰結が含まれている。

というのは、批判的な科学は、その進歩の過程において、あらゆる世界像が誤謬として崩壊したということだけではなく、事実上諸科学の課題である認識の体系的統一がその根底においていくえにもかつ原則的に異なるものとなっているということをも、教示しているからである。この事実は、認識が実りあるものとなればなるほどそれだけ明瞭になるのである。認識のもろもろの統一が——特に物理学において——普遍的なものになればなるほど、それらの統一相互間の断絶、つまり物理的世界、生命の世界、魂の世界、精神の世界といった諸統一間の断絶は、それだけ決定的な形で現われてくる。もちろんこれらもろもろの世界は関連しあっており、次のような段階的系列をなす秩序をもっている。すなわち、前のほうの段階の実在が後のほうの実在なしにも存立しうるとみられるのに対して、後のほうの段階の実在が現存在するためには前の段階の実在が前提となっている、たとえば物質なしには生命はないが生命がなくとも物質はある、といった秩序である。後の段階のものを前の段階のものから導出しようとする無駄な試みがなされてきたが、そのいずれの場合にも、結局はそれら諸段階のあいだの断絶がますます明白になるだけであった。認識という仕方で探究可能なもろもろの統一がすべて帰属しているような世界の唯一的全体というものは、それ自身、たとえば或る包括的理論に隷属させられており、研究の進むべき道を研究の理念として照らしうるような統一ではない。〔研究という場には〕世界像は存在せず、諸科学の体系的区分があるのみである。

もろもろの世界像は常に特殊な仕方で認識された世界であって、それが誤って世界存在一般にまで絶対化されたのである。種々の根本的研究理念から、それぞれ特別の視点が生成してくる。世界像はそれぞれ、世界からその一部を切りとったものであって、世界そのものが形象化されるということはない。神話的世界像とは異なる「科学的世界像」なるものは、それ自身常に、科学的手段をそなえてはいるがその内実は乏しくて神話的であるような、新たな神話的世界像であった。

世界そのものは認識の対象ではない。すなわち、われわれは常に世界のなかにあり、世界のなかでもろもろの対象をもっているが、世界そのものを対象としてもつことはない。特に、数十億の太陽をもつわれわれの銀河宇宙を数百万個の宇宙のひとつとして含んでいるようなもろもろの星雲という天文学での世界像や、普遍物質という数学での世界像において、一定の方法による研究の地平がどれほどの広さに達し、そこでどれほどのものが見てとられようと、そうしたものはやはり現象の示す光景なのであって、事物の根拠ではなく全体としての世界ではないのである。

世界は閉じられたものではない。世界を世界から説明することはできず、むしろ、世界のなかでこそ、或るものが別のものから際限なしに説明されてゆくのである。将来の研究がなおどのような限界をめざして進んでゆくのか、どのような深淵が将来の研究の前に現われてくるのかということは、誰にもわからないことである。

無知

唯一の世界像の獲得を断念することは、すでに科学的批判の要請であるが、それはさらに、哲学的に存在を覚知するための前提のひとつでもある。哲学的な存在意識をもつための前提となるのは、たしかに、科学的世界研究のすべての方向を熟知することではある。しかし、科学的な世界知の秘められた意義は、最も明るい知に対して無知という空間が開かれてくるような限界へと研究をつうじて到達することにあると思われる。というのは、完結した知によってのみ本来的な無知が呼びおこされるからである。その場合には、知として獲得された世界像においてではなく、むしろ、充実された無知において、本来的に存在するものが現われてくる。しかもそれは、科学的認識という道程なしにではなく、またこの道程に先立ってではなく、科学的認識の途上においてのみ現われてくるのである。認識の情熱は、おのれの最高の高まりをつうじて、まさに認識の挫折する地点に到達するのである。無知、といっても充実され戦いとられた無知のなかにのみ、われわれ人間の存在意識のかけがえのない源泉があるのである。

解釈

世界という実在が何であるかを、もうひとつの違った仕方で明らかにしておこう。科学的方法による認識を、すべての認識は解釈であるという普遍的命題のもとに総括することができる。原典を理解する際の手続きは、存在についてのすべての理解のあり方を示す比喩である。そしてこの比喩は偶然的なものではない。というのは、一切の存在はわれわれの意味解釈においてのみわれわれにとって存在しているからである。存在者を言い表わす場合、われわれは語られたことの意味を解釈することにおいてその存在者を所有しているのであり、また、われわれが言葉で言い当てえたものにしてはじめて、可知的なものという地平で捉えられうるのである。さらにまた、すでにわれわれが言葉で語り出す以前の場面にあっても、事物との実践的なかかわりという言語において存在がわれわれにとって存在するのは、意味解釈という形においてである。存在はそれぞれ、何らかの他者を指示するがゆえにのみ規定されるのである。存在はわれわれにとって、存在の意味解釈との関連のうちにある。それゆえ、存在とそれに関する知、存在者とそれについてのわれわれの言葉は、多様な意味解釈の絡み合いなのである。われわれにとっての存在はすべて解釈された存在である。

意味を解釈するということには、存在している何ものかとそれが意味することがらとの分離が含まれており、それは指示されたものと指示することとの分離と同様の分離である。存在が解釈された存在として捉えられる場合にも、これと同じ仕方で分離がなされねばならないかのようにみえる。すなわち、解釈は何ものかを解釈するのであるが、このわれわれの解釈に対して、解釈されるものたる存在そのものが対立するかのようにみえるのである。しかしながらこうした分離はうまくいかない。というのは、われわれにとっては、解釈されるのみでそれ自身すでに解釈であるのではないような、恒常的存在者や端的に知られうるものが存立を保つということはないからである。われわれが何を知ろうと、知られたものは、存在のなかに入ってゆくわれわれの解釈の光の円錐ともいうべきものにすぎず、あるいは、ひとつの解釈可能性を選びとることであるにすぎない。全体としての存在は、こうした一切の解釈を際限なしにわれわれに可能にするようにできているに違いない。

そうはいっても、こうした解釈が恣意的であるというわけではない。正しい解釈としての解釈は客観的な性格をもっている。すなわち、まさに存在がこの解釈を強いるのである。われわれにとっての一切の存在様態はたしかに意味解釈の諸様態ではあるが、しかし同時に必然的な意味解釈の諸様態でもある。それゆえ存在の構造に関する教説としての範疇論では、存在の諸様態が、意味解釈の諸様態として、たとえば同一性、関係性、根拠、結果などの「対象的なもの」の諸範疇として、あるいは自由や表現などとして構想されるのである。

意味を解釈されている一切の存在は、われわれにとっては、あらゆる方向に拡がってゆく存在の反映のようなものである。

実在の諸様態もまた、解釈された存在の諸様態である。解釈であるということは、解釈されたものは存在の現実性そのものではなく存在がわれわれに提供しているその一様態である、ということを意味する。絶対的な現実性をひとつの解釈によって端的に言いあてることはできない。ひとつの解釈の内容を現実そのものだと考えるあらゆる見方は、われわれの知の錯誤なのである。

現存在の現象性

世界という実在の性格は、原則的に、現存在の現象性と言い表わすことができる。われわれがこれまで論じてきたこと、すなわち、実在のすべての様態の浮動的なあり方、もろもろの相対的遠近法たるにすぎないという世界像の性格、解釈であるという認識の性格、われわれには存在が主客分裂のなかで与えられるという事実、──われわれのもちうる知のこうした基本的特徴は、一切の対象は現象にすぎず、認識された存在は存在自体でも全体としての存在でもない、ということを意味している。現存在が現象という性格のものであることを、カントは十分明晰なものにした。現存在の現象性は、それ自身対象的に洞察できることではなく対象を超越しながら洞察できることにすぎないのである以上、異論のない事実ではないのであるが、しかしそもそも、超越することが可能な理性によってこの現存在の現象性が拒まれるということはありえない。そして、そうだとすれば、現存在の現象性は、これまでの知に個別的なひとつの知を新たにつけ加えるものではなく、存在意識全体にある衝撃を与えるものであることになる。それゆえこの現象性の覚知は、世界のあり方を哲学的に思惟する際に、突然ではあるが消えることのない光がわれわれ自身に照りかけてくるということなのである。この光が生じないとすれば、ここで述べてきたような諸命題は、充実されることがないゆえに根本的には理解されないままであらざるをえないのである。

こうしてみると、絶対的な世界像が存在しなくなるというだけではない。世界は、ただ一つの原理ではかたづけられないものである以上、閉ざされてはおらず、認識にとってはもろもろの遠近法のなかでひき裂かれることになる。世界存在全体は認識の対象ではない。

神と実存との中間での影のうすい現存としての世界

世界存在についてのこうしたわれわれの確認を、神と実存に関する既述の確認との関係で深化すれば次のような命題になる。すなわち、世界内の実在は神と実存との中間で影のうすい現存を保っている、という命題である。

世界を踏みこえること

われわれの日常生活は、この命題とは反対のことを、すなわち、われわれ人間には世界もしくは世界内の何ものかが絶対的なものとみなされるということを、教えるように思われる。それにまた、数多くのものをおのれの本質の窮極的内容としてきた人間たちについては、ルターとともに、汝がおのれの頼りとし支えとしているもの、それはもともと汝の神なのだ、と言うことができる。人間は、何らかのものを絶対的だと考えるほかはないのである。そう考えることを意欲し自覚していると否とにかかわらず、また、偶然的かつ間歇的にそう考えるのであろうと断固としてかつ継続的にそう考えるのであろうと。人間にとっては、いわば絶対的なものの場所とでもいうべきものが存在する。人間はこの場所を避けて通ることはできず、むしろそれを充実しなければならないのである。

人間の数千年の歴史には、人間の、世界を踏みこえたすばらしいありさまが示されている。インドの苦行者とか中国や西洋の個々の僧侶などは、没世間的な瞑想のなかで絶対者を覚知しようとしてこの世界を捨てた。彼らの場合、世界は消滅したも同然であって、存在——世界の側からみれば無であるもの——のほうが一切であった。

中国の神秘家たちは、世界内の事物に拘泥する欲望を脱して純粋に静観する境地に達したが、そこでは、一切の現存在は言語化され、透明になり、永遠なものの消滅してゆく現象となり、永遠なものの法則の無限に遍在する姿となった。こうした神秘家にとっては、時間は、永遠性のなかで消滅してこの世界という言語の現前態となったのである。

西洋の研究者や哲学者や詩人や、まれには行為者でさえ、まったくこの世界に拘束されながらも、あたかもたえず世界の外からやってきた者ででもあるかのように、この世界を貫徹しておのれの道を歩んだ。はるかな故郷におのれの由来をもつ者として、彼らはこの世界のなかでおのれと事物とを見いだすとともに、これら事物とのきわめて密接な親近性を保ちつつ永遠なものを想起することによって時間的現象を踏みこえていったのである。

存在の調和や虚無的な破滅状態に反して、隠れた神性を傾聴する心構え

こうした神秘家などとは異なるわれわれ、すなわち、生活実践と知のうえで明確な確信をもって存在のうちなる〔生の〕地盤を見いだすことのないわれわれは、世界に拘束されながら世界を次のように評価する傾向をもっている。

それは〔まず〕世界を存在の調和とみなす評価であって、恵まれた状況にある場合のわれわれは、世間的な充足という魔力によってこうした評価をするように誘われる。しかしこの評価に対しては、おそるべき不幸とかこの現実を直視してゆく絶望といった経験から反撥がなされる。こうした経験による反逆によって、存在の調和という考え方とは反対に、一切は無意味であるという命題をもつニヒリズムが立てられるのである。

偏見なく真実を見ようとする態度にあっては、こうした存在の調和という評価も虚無的な破滅状態という評価も非真理であるということが見通されざるをえない。この二つの評価には全体的判断がひそんでいるが、世界や事物に関する全体的判断というものはいずれも不十分な知にもとづくものである。われわれ人間には、この相反する全体的判断による固定化に反対して、生の時間的経過のなかでのできごとや運命やおのれの所業〔の意味〕をたえず傾聴すべく心構えておくという課題が課せられる。こうした心構えには次のような二つの根本経験が含まれている。——

それは第一に、神は世界に対する絶対的な超越者であるという経験である。すなわち、隠れた神を一般的かつ恒常的に把握し理解したいと願っても、この神はますますはるかなところへと後退してゆくのだが、しかし他面この神は、それぞれ一回きりの状況で現われる神の言葉という絶対に歴史的な形態をつうじては、はかり知れぬほどに身近なものでもある。

第二の根本経験は世界内で神の言葉が聞かれるという経験である。すなわち、世界存在自身が神の言葉であるのではないが、この世界存在のなかで常に多義的な仕方で神の言葉が聞かれるのであって、この言葉は、普遍化することができぬまま、実存に対して歴史的な仕方でのみ瞬間的に明確になりうるのである。

信仰の根本命題とこの世界における神の言葉

存在に対する〔われわれの〕自由は、世界そのものをあるがままに見るのであって窮極的なものと見ることはない。世界にあっては、永遠なるものと時間的に現象するものとが出会うのである。

しかし永遠なる存在をわれわれが経験するのは、もっぱら、われわれにとって現実の時間的現象となるものにおいてである。われわれに対して存在するものは世界存在の時間性のなかで現象するものでなければならないから、われわれは神と実存とを直接に知ることはできない。そこにはただ信仰があるのみである。

信仰の根本命題——神が存在する、無制約的な要請がある、人間は有限であり未完成である、人間は神の導きのもとで生きることができるといった諸命題――は、神の言葉〔の場〕としてのこの世界のなかでその充実したあり方がいっしょに響きを発するかぎりにおいてのみ、その真理性がわれわれに感得できるようになるのである。神が世界をいわば避けるようにしながら実存に直接近づくというのであれば、その場面で生起することがらは交わりの不可能なことがらである。こうした普遍的な根本命題の真理はすべて、伝統という形態において、また生活過程で獲得される特殊化された形態において語り出される。つまり、個々人の意識は、伝統などという諸形態のうちでこの真理に目ざめるのであって、両親が〔子供に〕それらを言い伝えているのである。「神の聖なる御名のために」……とか「不死性」……とか「愛」……といった定式的表現には、歴史的に無限に深い由来が示されている。

こうした信仰の諸命題は、普遍的なものであればあるほど歴史的ではなくなってしまう。〔普遍化された〕信仰の諸命題は純粋に抽象化された高度の要求をかかげる。しかし、人間はそうした抽象的なものだけで生きることはできず、具体的な充足を拒む抽象的要求は、〔われわれの〕回想と希望がそれによって導かれるというだけの最小限のものにすぎなくなる。だがそうした抽象的要求は、同時にある種の浄化力をもってもいる。すなわちそれは、偉大な伝統をいま実現することによっておのれのものとするために、単なる具体的なものの桎梏や迷信の狭さからわれわれを解放してくれるのである。

世界への献身と神への献身

神とは、おのれを余すところなくそれに捧げることが実存の本来的なあり方であるような存在である。私がおのれの生命を賭するほどにこの世界において献身する対象は、神との関連のうちにあり、信仰される神の意志の制約のもとにあり、たえず神の吟味を受けるものなのである。というのは、盲目的に献身する場合には、人間は、開明されないまま単に事実上おのれを支配しているにすぎない力に対して無分別に奉仕することになり、（見てたずねて思考することを欠く結果）おそらくは「悪魔」に対して悪しき奉仕をすることになると思われるからである。

世界内の実在への献身――神に献身するための不可欠の媒介となるもの――という場合には、おのれが献身するもののうちで同時におのれを主張しもするような自己存在が生成してくる。しかし一切の現存在が家族、民族、職業、国家といった実在すなわち世界に溶けこんでいる際にこの世界という実在が無意味になってしまう場合、この虚無の絶望にうち克つということは、あらゆる特定の世界存在に反抗してさえ単独で神の前に立ち神にもとづいているような決定的自己主張が遂行されることによってのみ、なされうることなのである。世界に対する献身ではなく神に対する献身のうちでこそ、この自己存在は、それ自身が捧げられると同時に、この世界でおのれを主張する自由として迎えられるのである。

超越的な世界史という神話

神と実存との中間で生起している影のうすいこの世界存在には、ひとつの神話が属している。それはすなわち――聖書の範疇で言えば――世界を超越的歴史の現象〔の場〕と考える神話であって、つまり、世界創造に始まり、堕落を経て、救済のできごとをつうじて世界の終末と一切の事物の再生に至るというものである。この神話では、世界は、それ自身にもとづいて存在しているのではなく、超世界的なできごとの進行過程における過渡的な現存在なのである。世界が消滅すべきものであるのに対して、消滅してゆくこの世界における現実性でありうるものが神と実存なのである。

永遠であるものが世界の時のなかで現象する。個人としての人間もまたおのれがそうした〔永遠であるとともに時間的な〕現象であることを知っている。この現象は次のような逆説的な性格をもっている。すなわち、この現象においては、それ自体は永遠であるものが、この現象にとって決定的に重要であるという性格である。

8 信仰と啓蒙

五つの信仰命題とそれに対する反駁

われわれは、哲学的な信仰の諸命題を〔前節で〕次のように言い表わしておいた。すなわち、神が存在する、無制約的な要請がある、人間は有限であり未完成である、人間は神の導きのもとで生きることができる、この世界という実在は神と実存との中間で影のうすい現存を保っている、と。この五つの命題は相互に強化しあい駆り立てあうものである。しかしこれらの命題はいずれも、実存の経験する根本経験にそれぞれ固有の根源をもっている。

右の五つの根本命題は、この世界内の対象についての有限な知とは異なり、証明できるものではない。これらの命題の真理性は、注意を喚起されることによって「示唆されうる」か、ある種の思考の遂行をつうじて「開明されうる」か、あるいはまた訴えかけられることによって「想起」されるかのいずれかでしかありえない。これらの命題は或る信仰告白として妥当するものではなく、信じられていることによる力をもつにもかかわらず、知られないという浮動状態に留まるものである。私がそれらの命題に聴従するのは、信仰告白しつつ権威に服することによってではなく、私の本質そのものに関するその真理性を拒むことができないからである。

それらの命題を平板に語り出すことには一種のおそれが感じられる。それらは、ひとつの知と同様にあまりにも簡単に扱われ、そのことによってその意味を失ってきた。またそれらはいとも簡単に信仰告白として現実の場に置かれやすい。それらは、もちろん他者に伝達されることを望むが、それは、人々がそれらによって相互に理解しあい、それらが人間相互の交わりのなかで確信されるようにするためであり、また現われてくる存在が欲する場合に人々を覚醒するためである。しかしながら、〔この伝達のための〕言表が一義的になされる場合、それらの命題は誤った見せかけの知に陥る。

言表には議論がつきものである。というのは、われわれが思惟する場合、そこにはただちに、われわれが真実を考え当てているかそれとも見落としているかという両方の可能性があるからである。それゆえ、積極的な言表にはすべて誤謬の防止ということが不可欠であり、思考したものの秩序ある構成にはそれの倒錯ということが並行して生じる。したがって、積極的なものを展開しつつ示す叙述は、それを否定する判断や制限や防禦といったものによって浸透されていなければならない。しかし、哲学的思考の場合には、こうした議論の戦いは権力を得ようとする戦いではなく、疑問視されるなかで開明されてゆく道程としての戦いであり、真実を明らかにするための戦いであって、この戦いにおいては、知性の武器はすべて、おのれの信仰を表現するために自由に使用されるのと同様に相手にもその自由な使用を許すのである。

哲学する場合の私は直接的な言表をするようになるが、そこでは次のような端的な問いが生じてくる。すなわち、神は存在するのか、この現実世界に無制約的な要請が存在するだろうか、人間は未完成なのであろうか、神の導きは存在するのであろうか、この世界存在は浮動していて影のうすいものなのであろうか、といった問いである。無信仰な態度からのこの問いに関する言表が私にたち現われてくる場合、私は〔私なりの〕解答を迫られることになる。その言表は次のようなものである。

第一——神は存在しない。なぜなら、存在するのは世界とその生起の法則のみであるからである。〔もし神が存在するとすれば〕世界こそが神である。

第二——無制約的なものは存在しない。なぜなら、私の従う要請は生成してきたものであって変容するからである。そうした要請は、習慣や訓練や伝統や従順さによって制約されているのであって、一切のものが際限のないもろもろの制約をうけているのだ。

第三——完成した人間が存在する。なぜなら、人間は動物と同様のできのよい存在者でありうるし、人間の訓育は可能だと思われるからである。人間には、原則的な未完成とか根本的な破綻という事態は存在しない。人間は中間的存在者ではなく、できあがっていて全体的である。もちろん、世界内の一切のものと同様に人間ははかない存在ではあるが、しかし、おのれのうちに根拠をもつ独立した存在であり、おのれの世界に自足する存在である。

第四——神の導きは存在しない。神の導きというのはひとつの幻想であり自己偽瞞である。人間にはおのれ自身に従う力があり、そうしたおのれの力を頼りにすることができるのである。

第五——世界が一切であり、世界という実在こそ唯一にして本来的な現実である。超越者は存在しないから世界内の一切のものははかない存在であるが、世界それ自身は絶対的であって永遠に消滅することがなく、浮動している過渡的存在ではない。

無信仰な態度からなされるこうした言表に対しては、哲学の課題は、こうした無信仰の由来を理解することと信仰の真理の意味を明らかにすることという二重のものとなる。

啓蒙の要求

無信仰な態度は啓蒙の結果だと見なされる。だが啓蒙とは何であろうか。

啓蒙の提出するもろもろの要求は、疑われることのない見解が盲目的に真とされることに反対するものであり、——魔術的行動のように——明らかに間違った前提にもとづいているために意図した成果を実現することができないような行動に、また制限のない問いと探究とを禁ずる命令に、伝統的偏見に反対するものである。啓蒙の立場は、洞察しようとする際限ない努力を要請し、また、あらゆる洞察の種類と限界についての批判的意識を要請する。

人間には、自分が思念し意欲し行動する内容が明白になっていなければならないという要求がある。人間は自分で思惟することを欲する。人間は真実のことを悟性で捉え、それをできるだけ証明しようとする。彼は、原則的にあらゆる人がなしうる経験との結びつきを要求する。人間は、受容できるような仕上がった成果として知識を眼前に保持することを求めるのではなく、そうした知識の根源に至る道を探究するのである。ある証明がいかなる意味で妥当するのか、悟性がいかなる限界にぶつかって挫折するのかということを、彼は洞察しようとする。人間は、結局は論証することのできない前提としておのれの生の根拠とせざるをえないことをさえ、すなわち、自分が従う権威や自分が感じている畏敬や自分が大人物の思想や行為に対して払う尊敬をさえ論証したいと願うし、また、ことがらが当面のこの状況内のことであろうとそもそも理解されておらず理解不能なことであろうと、人がそのことがらに寄せる信頼を論証したいと願うものである。服従するときでさえ、人間はなぜ自分が服従するのかを知りたいと思う。人間は、自分が本当だと思い正しいことだとして行動に移すすべてのことを、例外なしに、自分が内面的に関与することができるという条件のもとにおくのである。そして、自己確信をもった自分の同意に真実だという保証を見いだすことができる場合にのみ、彼は右のことに関与するのである。要するに啓蒙は――カントが言っているように――「自分に責任のある自分自身の未熟さから人間がぬけ出すこと」〔カント『啓蒙とは何か』〕なのである。啓蒙は、人間をおのれ自身に到達せしめる道程だと解される。

真の啓蒙と誤れる啓蒙および啓蒙に対する戦い

しかし、こうした啓蒙の要求はきわめて誤解されやすいため、啓蒙の意義は曖昧なものとなる。啓蒙は真実の啓蒙でも誤った啓蒙でもありうるわけである。したがって啓蒙に対する戦いのほうも曖昧なものになる。

その戦いは――正当に――誤れる啓蒙に対する戦いである場合もあれば、――不当にも――真の啓蒙に対する戦いであることもありうる。そしてこの両方の戦いが一つに混じりあうことがしばしばである。

啓蒙との戦いにあっては、啓蒙は一切の生活の基礎となっている伝統を破壊するとか、信仰を解消してニヒリズムに導くとか、あらゆる人に恣意の自由を与えて無秩序とアナーキーの出発点となるとか、そこには地盤がないから人間を不幸にする、といったことが言われてきた。

こうした非難は、それ自身もはや真の啓蒙の意義を理解しえない誤れる啓蒙にあてはまるものである。誤れる啓蒙は、（われわれの悟性に与えられざるをえないものを開明するための不可避の道として悟性を利用するだけではなく）知と意欲と行動はすべて単なる悟性の上に基礎づけられうると考え、また、（常に特殊な悟性認識をそれにふさわしい領域でのみ有意義に使用するのではなく）そうした悟性認識を絶対のものとする。誤れる啓蒙はまた、（他者との共同のなかで問いを発しながら前進してゆくような知の、生きた連関にもとづくのではなく）あたかも個人が一切でもあるかのように、自力で知りかつその知だけにもとづいて行為しうると思うように個々人を誘惑する。こうした啓蒙には、一切の人間の生がそれにならわざるをえないような例外者と権威とを認める感覚が欠けている。要するに、誤れる啓蒙は、一切の真なるものとおのれにとって本質的なものとを悟性的洞察によって手に入れることができると思うほどに、人間をおのれ自身の上に据えようとするのである。誤れる啓蒙は、知ることのみを欲して信仰することを欲しないのである。

これに反して真の啓蒙は、なるほど思惟と問いを発する能力とに対して意図的にかつ外部から強制的に或る限界を示すわけではないが、しかし事実上のおのれの限界を自覚している。というのは真の啓蒙は、そのときまで疑問視されなかったことや偏見や誤って自明だと思われていることを啓蒙するだけではなく、おのれ自身をも啓蒙するからである。真の啓蒙においては、悟性の道と人間存在の内実とが混同されることはない。人間存在の内実をなすものは、理性に導かれた悟性によって明らかにされうるものとして啓蒙に示されはするが、しかし悟性に根拠をもつものではない。

啓蒙に対するいくつかの非難

啓蒙に対する若干の特殊な攻撃という問題を論ずることにしよう。啓蒙は恩寵によってのみ人間に与えられるものをおのれの力によるものとする人間の自力主義であるという非難が、啓蒙に対して浴びせられる。

神は他の人間による命令と啓示とをつうじて人間に語りかけるのではなく、人間の自己存在においてその自由をつうじて語りかけるのであり、外側からではなく内側から語りかけてくるのであるが、右の非難はこのことを見誤っている。神によって創造され神に関連している人間の自由が損なわれることがあれば、神が間接的に告知される際の媒介となるもの自身が現われてくる。自由に対する排撃とともに、つまり啓蒙に反対するこの戦いとともに、実際には神そのものに対する反乱がなされることになるが、この反乱は元来、神的だと思い誤って人間が考え出した信仰内容や命令や禁令とか、人間がしつらえた秩序や行動様式——人間的事物がすべてそうであるように愚かさと賢さとが区別なしに入り混じっていることがら——のために起こされる反乱である。こうした信仰内容や命令や禁令は、疑問視されることがなくなると同時に、人間の課題を放棄することを要求するものとなる。なぜなら、啓蒙を放棄するのは人間に対する裏切り同然のことだからである。

啓蒙の主要な要因は科学、しかも前提をもたない科学である。前提をもたない科学とは、あらかじめ確定された目標や真理によってその問いや研究を——たとえば人間に関する実験が、人間性の要請から加えられる倫理的な制限を受けるような場合以外には——制限されることのない科学のことである。

科学は信仰を破壊するという叫びが聞かれてきた。すなわち、ギリシアの学問はまだ信仰に組み入れられていて信仰の開明に役立ったが、近代科学は端的に信仰を荒廃させている、近代科学は宿命的な世界的危機を示す歴史的一現象にすぎない、近代科学の終末を期待すべきであるし力のかぎりそれを早めるべきである、というわけである。そこでは、近代科学のなかで永遠に輝いている真理が疑われており、科学的態度なしには今日もはや考えられない人間の尊厳性が拒否されるのである。そこではまた、啓蒙に対して反対が唱えられ、啓蒙は悟性の平板さをもつものとのみ見なされて、理性の広さをもつものと見なされることはない。〔こうした態度の〕人々は自由主義に反対し、自由主義が放任と表面的な進歩信仰を信じて硬直化している姿のみを見て、自由ということの深い力を見ようとはしない。彼らはまた、寛容さということを無信仰な者の心のこもらぬ無関心さと見なしてこれに反対し、普遍的な人間の全般的交わりへの心構えというものを〔その寛容さに〕認めようとはしない。要するに彼らは、人間の尊厳性や認識能力や自由といったわれわれの根拠を放棄し、哲学的実存の精神的な自殺に陥っているのである。

これに反してわれわれは次のように確信している。人は真正な学問的態度というものを伝統と状況とをつうじて身につけうるのだが、この真正な学問的態度なしには、もはや誠実さも理性も人間の尊厳性もありえないのだ、と。科学が失われれば薄暗がりとたそがれとが生じ、不明瞭な教化的感情や自ら求めた盲目さのなかでの狂信的決断が生じてくる。〔そうなれば〕もろもろの枠が作られ、人間は新たな牢獄に閉じこめられることになる。

戦いの意味

啓蒙に対するこうした戦いが生じるのはなぜであろうか。

この戦いは背理なものに向かおうとする衝動から、つまり、神の代弁者と信じられる人に服従しようとする衝動から生じることが稀ではない。それは、もはや昼の法則に従うことのない夜への情熱、地盤のなさを経験しつつ、救いになると思い誤った見せかけの秩序を根拠なしに立てようとする夜への情熱から生じるものなのである。信仰を欲し、かつ自ら信仰していると信じこむような、無信仰な態度の衝動というものがある。そして、権力意志の手段となる権威に対して人間が盲目的に服従しつつ従えば従うほど、それだけこの権力意志は、人間を隷従させることができると考えるのである。

ここでキリストと新約聖書とが証拠として引き合いに出されるなら、そのことは、多くの教会や神学の数千年間にわたる現象に関するかぎりは正当であるが、聖書宗教そのものの根源と真理に関するものと考えられるのであれば不当である。聖書宗教の根源と真理は、真の啓蒙のなかにも生きてはたらいており、哲学――おそらくは、新しい技術の世界における人間に対してこの聖書宗教の内実の保持を可能にするように共働すると思われる哲学――によって開明されるものなのである。

それにしても、啓蒙に対するもろもろの攻撃が常に繰り返し有意義なものとして現われてくるということは、啓蒙の倒錯という事実にもとづくものであり、実際この倒錯に対してはその攻撃は正当性をもっている。〔啓蒙の〕課題が困難なものであるためにいろいろな倒錯が生じうる。たしかに啓蒙とともに、自由になってゆく人間の感激が生じる。そしてその感激は、おのれの自由をつうじて神性にいっそう心が開かれると感じるような感激であり、新たに目ざめる人間がそれぞれ繰り返し経験する感激ではある。しかしながら啓蒙は、そのあとすぐに、ほとんど堪えがたいほどの要求となることがある。というのは、神の声は、けっして自由にもとづいて明確に聞きとられるものではなく、考え出すことのできないものが人間に贈与される瞬間をつうじて、一生涯継続される努力の過程で聞きとられるものであるからである。人間は、与えられた瞬間に〔神の声を〕聞く心構えをしておくというだけでは、必ずしも批判的な無知の重荷に堪えうるものではない。人間は、窮極的なものを確定的に知りたいと願うのである。

信仰を放棄したあとの人間は、悟性の思考そのものに身を委ね、人生において決定的に重要なことがらに関する確信をそこから得ようという間違った期待を抱く。しかしこの悟性的思考にはそうした確信を与えることはできないから、この要求は錯誤によってのみ巧みに充足されることになる。すなわち、ある時はこれある時はそれといった際限ない多様性をもった有限で限定されたものが絶対化されて全体的なものとされ、そのつどの思惟形式が真の認識そのものと考えられるのである。絶えざる自己検証の継続はなされなくなり、見せかけの最終的確信によってそうした自己検証はとり除かれてしまう。偶然と状況しだいの恣意的な臆見が真理性を要求するが、しかし見せかけの明白さをもつものとしてその臆見はむしろ新たな迷妄となる。こうした〔倒錯した〕啓蒙においては、おのれの洞察にもとづいて一切のことを知りかつ思考することができると主張されるのであるから、実際にそこにあるのは恣意なのである。こうした啓蒙は、中途半端で放恣な思考によって、そうした不可能な要求を実際に提出するのである。

啓蒙のこのような倒錯に対抗するには、思考をやめることでは役に立たず、あらゆる可能性と批判的な限界意識とをそなえた思惟、しかも認識という関連においても保持されうる有効な充実をそなえた思惟を実現することのみが有益である。全体としての人間の自己教育をつうじて成就される思惟の育成によってのみ、恣意的な思考が毒となることを、また啓蒙の明白さが破壊的雰囲気となることを防ぎうるのである。

信仰の不可避性

ほかならぬ最も純粋な啓蒙に対してこそ、信仰の不可避性が明らかになる。哲学的信仰の五つの根本命題は、科学の命題のように証明できるものではない。信仰を合理的に強制することは、科学によってはもちろん、哲学によっても不可能なことである。

悟性が悟性にのみもとづいて真理と存在とを認識しうるかのように思うのは、誤れる啓蒙の誤謬である。悟性は他者を頼りにしている。科学的認識として現われる悟性は経験における直観を、哲学として現われる悟性は信仰の内実を頼りにしている。

悟性は、ものごとを思惟によって眼前に描き出し純化し展開することはできるが、しかしこの悟性には、悟性の思念に対象的な意義を付与し、悟性の思惟に充実を、悟性の行動に意義を、悟性の哲学的思考に存在内実を付与するようなものが与えられていなければならない。

悟性的思惟が常に頼りにしているこれらの前提がどこから到来するかということは、結局は認識できないことである。こうした前提は、われわれが生きる源泉であるところの包越者に根ざしている。われわれの内面にこの包越者の力が生じることがなければ、われわれは、無信仰の側から提出される前述の五つの信仰否定に陥りがちになる。

表面的に捉えられる形では、目に見える経験の前提は世界から到来し、信仰の前提は歴史的伝統から到来するとみられる。しかしこうした表面的な形での前提は、それに即してはじめて本来の前提が発見されるような導きの糸であるにすぎない。というのは、これら表面的な前提はなおたえず検証さるべきもの、しかも、何が真であるかをおのれ自身にもとづいて知っているとする裁き手としての悟性によってではなく、手段としての悟性によって検証さるべきものだからである。すなわち悟性は、別の経験を基準として経験を検証し、伝統的信仰を基準として伝統的信仰をも検証し、そうする過程で、おのれの自己存在の根源から根源的に覚醒される内実を基準として一切の伝統を検証するのである。科学においては、経験を重視するという避けがたい見方が、つまり、科学的と称する道を歩む者なら何びとも避けえないような見方が立てられるが、一方、哲学にあっては、伝統を了解しつつ現在のものとすることをつうじて信仰を覚知することが可能になる。

しかしながら、無信仰を防ぐことは、無信仰を直接に克服することによってではなく、臆断的な知の提出する間違った明確な合理的要求に対抗することによってのみ、また、間違って現われてくる合理化された信仰要求に対抗することによってのみ、可能なことなのである。

哲学的信仰の命題の言表が或る内容を伝達するものと解されるところでは、そうした言表によって誤謬が生じ始めることになる。というのは、これらの命題の意味が含みもつのは、何らかの絶対的な対象ではなく、具体化されてゆくある無限なものを示すしるしにすぎないからである。信仰のうちなるこの無限なものが目の前で顕わになる場合には、世界存在という限りなく多様なものは、この〔無限なものという〕根拠の多義的なあらわれのひとつであることになる。

哲学する者が前述の信仰諸命題を語り出す場合、そのことは信仰告白にも類比さるべきことである。哲学者は、一切の解答を回避するためにおのれの無知を利用してはならない。もちろん哲学的には、彼は慎重であって、私は信仰のことを知らず、私が信仰しているかどうかをも知らないと繰り返すに留まるであろう。しかし彼はやはりこう言うであろう。すなわち、このような信仰命題で表現される信仰が私には有意義だと思われるし、私はあえてそうした信仰をもちたいと願い、信仰をめざして生きるだけの力をもちたいと願っている、と。それゆえ、哲学することのうちには、浮動する言表の表面的な非決定性と決意したおのれの態度の現実とのあいだの緊張が常に存在するであろう。

9　人類の歴史（※）

われわれにとっての歴史の意義

われわれ人間の自己確認にとっては歴史ほど重要な意味をもつ実在はない。歴史は、人類の最も広い地平をわれわれに示し、われわれの生を基礎づけている伝統の内実をわれわれに提示し、現在のことがらを判断する基準を示してくれる。それはまた、無意識のうちに自分の時代に拘束されているわれわれを解放してくれるし、さらにまた、最高の可能性をもち不滅の創造をしてゆく人間をみてとることを教えてくれる。

過去のすばらしいことがらを熟知して保持するとともに一切を没落せしめるような不幸を見てとることにそれを使うこと、このことこそ、われわれの閑暇を最も有効に利用する道である。われわれが現在経験していることは、歴史の鏡にうつした場合にいっそうよく理解されるし、他方、歴史が伝えていることは、われわれ自身のこの現代から見たときに生きたものとなる。こうしてわれわれの生は、過去と現在とが交互に開明しあうなかで前進してゆくのである。

歴史は、われわれの身近で具体的に見られ個人に適用される場合にのみ、現実にわれわれにかかわるものとなる。しかし哲学する立場にいるここでのわれわれは、もっぱら抽象的たるに留まる若干の議論に専念することにしよう。

※〔原注〕この講演では、私の『歴史の根源と目標について』の書からの引用を部分的にはそのまま利用している。

歴史哲学　世界史の図式

世界史は、偶然的なできごとの入り混じった混沌だと思われることがあり、そこでは歴史全体が洪水の渦巻のように入り乱れたものにみえる。すなわち、常にひとつの混乱から別の混乱へ、ひとつの不幸から別の不幸へと次々に事態が経過してゆき、瞬時の幸福の光や、しばしのあいだこの奔流を脱している孤島はあるものの、ついにはそうした光や孤島も洗い流されてゆく、といったありさまである。要するに歴史は――M・ウェーバーの描いた〈歴史〉像をかりていえば――悪魔が破壊された価値で舗装した道路のようなものだとみられるのである。

たしかに、認識しようとする態度に対しては、できごと相互のもろもろの連関が姿をあらわしてくる。たとえば、技術の発明が労働様式に、労働様式が社会構造に、征服が民族間の成層化に、戦争技術が軍隊組織に、軍隊組織が国家の構造に等々際限なく影響を与えてゆくといった、個々の因果的連関がそうである。こうした因果的連関をこえて、たとえば一連の世代をつうじてみられる精神的な様式の継起などには、ある種の全体的光景が、相互にあい分かれて生じた文化の時代として、また発展してゆく巨大な閉鎖的文化集団として現われている。シュペングラーとその後継者たちは、花をつけては死滅してゆく植物が大地から生成するのと同様に、無為に生きてゆくだけの人間大衆のなかからそうした諸文化が生成するのを認めたが、彼らにあっては、それらの文化の数は限定しえぬものであると見なされ――シュペングラーは現在までのものとして八つの、トインビーは二十一の文化を数えあげている――また、それらは相互にほとんどあるいはまったく関与しあわないものであると見なされた。

そのように見なせば、歴史には何の意味も統一も構造もないことになり、ただ、見きわめがたいほど多数の因果的な結びつきと形態論上の文化諸形態をもった構造があるだけということになる。そうしたものは自然の事象にもみられるもので、ただ、歴史にあっては正確に確定することが自然の場合よりもはるかに困難だというだけである。

これに対して歴史哲学とは、そうした歴史の意味や統一や世界史の構造を求めることを意味する。この世界史の構造ということは、全体としての人間にのみあてはまることである。

世界史の図式を描いてみよう。

人間はすでに数十万年前から生存していたのであって、それは、年代区分がなされている地質学上の地層中にあったその骨格の発掘によって証明されている。数万年前からは、解剖学的に完全にわれわれに類似した人間が生活していて、道具の遺物のみならず絵画の遺物さえ残っている。五千ないし六千年前になってはじめてわれわれ人間は、文書に記されたつながりある歴史をもつに至った。

歴史には四つの深い刻み目をつけることができる。

第一の刻み目。言語の発生、道具の発明、火の点火と使用という最初の大きな歴史の歩みは、ただ推定するしかないことがらである。この時代は、一切の歴史の基礎たるプロメテウス時代であって、この時代によって人間ははじめて、われわれには想像できない単なる生物学的人間とは異なる意味での人間になった。それがいつであったか、またどれほど長い期間によってその一歩一歩の歩みが分たれていたかということは、われわれにはわからない。この時代は非常に遠い昔のことであって、それにくらべればほとんど目につかぬくらいの長さの記録された歴史時代の、数倍になるに違いない。

第二の刻み目。紀元前五千年から三千年のあいだにエジプト、メソポタミア、インダス河流域で、若干おくれて中国の黄河流域で古代文明が成立した。こうした文明は、すでにこの地球全体に広がっていた厖大な人間のなかの光の孤島である。

第三の刻み目。紀元前五百年頃――前八百年から二百年に至る時代――に、人類が今日に至るまでそれを糧として生きているような精神的な基礎が生み出された。しかもそれは、中国、インド、ペルシア、パレスチナ、ギリシアで時を同じうしつつ相互の関連なしに生じたのである。

第四の刻み目。それ以降には、唯一的かつまったく新たな、精神的物質的に歴史を区切るようなできごと、それまでのものと同じ程度の世界史的影響をもったできごとは、たった一つしか生じていない。それはすなわち科学＝技術の時代であって、中世末以降のヨーロッパで準備され、十七世紀に精神的に確立され、十八世紀末いらい広範に発展し、ここ数十年になってはじめて驚くべき急速な発達をとげたものである。

枢軸時代

世界史の第三の刻み目である紀元前五百年頃に注目してみよう。ヘーゲルは「すべての歴史はキリストに向かいキリストに由来する。神の子の出現ということが世界史の軸である」〔補注：ヘーゲル『歴史哲学講義』第三部第三篇第二章「キリスト教」の中で同様の内容のことが言われている〕と述べている。われわれの〔西暦〕年代の数え方は、このキリスト教的な世界史の構造の一般性を日常生活で立証している。しかし、普遍史をこのようにみる見方は、キリスト教徒にしか通用しえないという欠点をもっている。しかも西洋においてさえ、キリスト教徒の経験的な歴史把握はキリスト教信仰に拘束されてはいない。キリスト教徒にとっては、聖なる歴史と世俗の歴史とが意味を異にするものとして切り離されていたのである。

世界史の軸があるとすれば、その軸は、もっぱら世俗の歴史にとっての軸であろうし、キリスト者をも含む人間のすべてにそのようなものとして通用しうる事実として、経験的にこの世俗の歴史のなかに見いださるべきであろう。そうした事実は、特定の信仰内容を基準とすることなしに西洋やアジアや全人類に納得されるものでなければなるまい。〔そうした軸があれば〕すべての民族が歴史的におのれを理解する際のある共通の枠というものが生じるであろう。そして、世界史のこうした軸は紀元前八百年から二百年のあいだに生じた精神的過程のうちにあるとみられる。われわれが今日に至るまでともに生きてきたような人間がここに発生したのである。この時代は、簡略にいえば「枢軸時代」と呼ばれるべき時代である。

この時代には特別のできごとが集中的に起こっている。中国では孔子と老子が生きていて中国哲学のすべての方向が生まれ、墨子や荘子や列子など数多くの人たちの思考が展開された。インドではウパニシャッドの哲学が成立しブッダが生きていて、中国と同様にあらゆる哲学の可能な形態が、懐疑主義や唯物論、あるいは詭弁派やニヒリズムに至るまで展開され、イランではツァラトゥストラが一切は善と悪とのあいだの戦いであるという要請的な世界観を説き、パレスチナではエリアに始まってイザヤとエレミアを経て第二イザヤに至るまでの預言者たちが登場した。ギリシアには、ホメロスやパルメニデス、ヘラクレイトス、プラトンといった哲学者や悲劇作家やツキジデスやアルキメデスといった人たちがいた。こうした名前はそこで生じたことを暗示するにすぎないが、そうしたことはすべて、中国とインドと西洋において、互いに知りあうことなしに、この二、三百年のあいだにほぼ時を同じうして生じたのである。

この時代にみられる新たなことは、右のどの地域においても、人間が全体としての存在と自己自身と自己の限界とを自覚するようになるということである。人間は世界のおそろしさと自分の無力さとを経験する。彼は根本的な問いをたて、深淵に直面して解放と救済を望んでおし進む。おのれの限界を意識的に把握しながら、人間は自ら最高の目標をたてる。彼は、自己存在の深みにひそむ無制約性と、超越者の明晰な自覚に含まれる無制約性とを経験するのである。

この時代には、相互に矛盾しあうもろもろの可能性が試みられた。議論や、党派の形成や、対立しつつも相互に関連しあっていた精神的なものの分裂によって不安と運動がひき起こされ、精神的な混沌状態に陥る瀬戸際にまでいたった。

この時代には、今日までわれわれの思惟が用いてきた基本的範疇が提示され、今日に至るまでわれわれの生の基礎となってきたもろもろの世界宗教が創始された。

こうした過程をつうじて、それまでは無意識的に通用していた観念や習俗や事態が疑われるようになった。一切が一種の混乱状態に陥った。

安らかさと自明性とをもっていた神話の時代は終わった。合理性と現実の経験の、神話に対する戦いが開始され、唯一神なる超越者のための魔神との戦いが、また非真実なる神々との倫理的な憤激にもとづく戦いが開始された。神話が全体として破壊された瞬間に、新たな深い意味で神話が捉えられ改造された。

ここでの人間はもはや自分に閉じこもることがない。彼は彼自身不確実なものになると同時に、限りない新たな諸可能性に対して身を開くようになった。

ここではじめて哲学者というものが出現した。人間はあえて、個人としておのれ自身の上に立とうとしたのである。中国の隠者や放浪の思想家、インドの苦行者、ギリシアの哲学者、イスラエルの預言者といった人たちは、信仰や思想内容や内的態勢という点では相互にまったく異なっていながら、共通のものに属するようになる。人間は、全世界に対して内面的におのれを対立させることができるようになった。彼は、おのれ自身や世界をこえ出ておのれを高める基礎となるような根源を、おのれの内面に発見したのである。

このころ歴史というものが自覚されることとなった。特別のことが始まっているのだが、しかし人間は、無限の過去が先行しているということを感じとり、かつ知るのである。本来の人間的精神がこのように目ざめたその発端においてすでに、人間は回想によって支えられていたのであり、自分が後から来た存在者であり堕落した存在者でさえあるという意識をもつようになっていたのである。

人々はできごとの進行を計画的に手中に収めておこうと欲し、また、正しい状態を再建するかもしくははじめから作り出そうと欲する。人間はいかなる仕方で最もよく共同の生を営み、最もよく支配され統治されるかという、その仕方が考案される。改革思想が人間の行動を支配するようになる。

社会状態という点でも前述の三つの地域はすべて類似した様相を呈している。多くの小国家と小都市があって、そのすべてがすべてと争うという戦いがなされたが、しかし戦いはあっても、当面は驚くべき繁栄が可能であった。

しかし、そうしたことが数百年間にわたって展開された時代は、直線的に向上してゆく発展の時代ではなかった。そこには破壊と新たな産出が共存していた。そこではまた、完成した状態に到達するということはなかったし、個々の場合に実現された最高の可能性が共同のものとなることはなかった。最初は活動の自由を意味していたことが、終わりには無秩序を意味するものとなった。この時代が創造的精神を失ったとき、三つの文化圏では教説理解の固定化と平均化とが生じた。無秩序に堪えられなくなったため、永続的状態を再建して新たな拘束をもちたいという衝動が生まれた。

こうした過程はさしあたっては政治的場面で生じた。中国(秦の始皇帝)とインド(マウリア王朝)と西洋(ヘレニズム国家とローマ帝国)の三地域でほとんど同時に、全域を支配する大帝国がおのおの成立する。三地域のすべてにおいて、一切の崩壊のさなかにあってさしあたり計画ずくの秩序が技術的組織的に形成された。

現　代

今日に至るまでの人類の精神生活は過去の枢軸時代に関連している。中国でもインドでも西洋でも、古代への意識的な溯及であるルネサンスが生じている。たしかに、〔枢軸時代以後も〕新たにして偉大な精神的創造が再び生じはしたが、しかしそれも、枢軸時代に獲得されていた内実を知ることによって呼びさまされたものなのである。

こうして、歴史の大きな流れは、最初の人間生成に始まり、古代文明を経て枢軸時代に及び、それにつづく時代、すなわち、現代の直前までその創造力をもっていた時代に至るのである。

そしてそれ以後は歴史の第二の流れが始まったように思われる。現代の科学＝技術の時代は第二の発端にも似たもので、これに匹敵しうるのは、道具と火の製造という最初の発明だけだと思われる。

類比することによってあえて未来を推測してみるなら、次のように言うことができよう。すなわち、われわれは、エジプト――古代ユダヤ人が新たな国土を建設したときにそこから移住したところであり強制労働所として嫌悪していたところであるエジプト――にみられる古代文明の組織と計画に類比できるような形成過程をたどってゆくことになるであろう、と。おそらく人類は、この巨大な文明の組織化を通りぬけて、まだ遠くて目にみえず想像もできないような、本来的人間化の時代たる新たな枢軸時代に向かって進んでゆくものと思われる。

しかし現在のわれわれは最も恐るべき破局の時代に生きている。伝承されてきた一切のものが溶解される運命にあるかのようにみえ、しかも新たな建設の基礎はまだはっきりとはしていない。

現代になってはじめて歴史が世界史になったということは新たな事実である。現在の地球上の交通の統一状態にくらべれば、過去のすべての歴史は地方史の寄せ集めにすぎない。

われわれが歴史と呼んでいるものは従来の意味では終わりになっている。従来の歴史とは、先史の数十万年のあいだに広まった地上への人間定住の時期と今日における本来的世界史の開始の時期とのあいだの、五千年という瞬間的な期間であったとみられる。この数千年間は、先史における人間存在の時代と将来の諸可能性とを基準としてみれば、ほんのわずかな期間であった。いままでの歴史は、世界史が活動しはじめるために人間がいわば出会い集まりあうということを意味したのであり、また、世界史なる旅を始めるための装備を精神的技術的に手に入れるという段階なのであった。われわれは、いままさに世界史を始めるのである。

われわれのこの時代の現実を悲観的にみて人間の歴史全体を破滅的なものと考えようとするからには、われわれは右に述べたような〔世界史の〕地平におのれを位置づけねばならない。そうすることによってわれわれは、人類の来たるべき諸可能性を信じてよいことになる。短期的にみれば今日の一切の事態は悲観すべきものであるが、長期的にはそうではない。そのことを確信するためには、全体としての世界史という基準が必要なのである。

　現在のわれわれが現実的になり真理を求め人間存在の基準を見てとるなら、われわれはそれだけ決定的に未来を信じてよいことになる。

歴史の意味に対する問い

　歴史の意味を問う場合、歴史の目標を信ずる人が、その目標を単に考えるだけでなく計画的に実現しようとするのは当然のことである。

　しかし全体のことを計画的に手配したいと思うと、われわれは自分の無力さを経験させられることになる。権力者は、歴史についての、臆測による全体知にもとづいて傲慢な計画を立てるのだが、こうした計画は、挫折して破局に終わってしまう。また狭い範囲での個人の計画は、失敗に帰するか計画にはなかった別の意味関連をもつ要因になってしまうかである。歴史の進行は、一方では、何びともそれに耐えぬくことができない圧延機のようなものに見えるか、果てしない解釈が可能であるような意味、新たなできごとによって予期に反して告知され常にあいまいなままであるような意味、つまり、われわれがわが身を任せる場合にも知ることのできないような意味をもつものに見えるかのいずれかである。

　この歴史の意味を地上で達成さるべき幸福の窮極的状態にあるとする場合、そうした状態は、われわれが思考しうる表象のなかにもこれまでの歴史の何らかの兆候のなかにも見いだされることはない。むしろ、混沌として進行してゆく人類の歴史と、成功はわずかで総体的には崩壊の道であるこの進行の道程は、右の歴史の意味が偽りであることを証明している。歴史の意味を求める問いは、その意味をひとつの目標として言い表わそうとする答えによっては解決されえない。

目標というものはいずれも特殊なもの、暫定的なものであり、のり越えることのできるものである。全体の歴史を一回的な決定的歴史として全体的に構成するということは、本質的なことがらをなおざりにするという犠牲を払うことによってのみ可能なことなのである。

神は人間に何を望まれるのであろうか。この問いに関してはおそらく、広くて規定しがたい意味表象が可能であろう。つまり歴史とは、人間は何であり何でありうるのか、人間はどうなるのか、人間は何をなしうるのかが顕わにされる場である、と言うことができる。そこでは、人間に対する最大の脅威すら、人間存在に課せられる課題のひとつなのである。高度の人間存在の現実にあっては、安全の保証という尺度のみが重んじられるわけではないのである。

しかしながら歴史にはもっと大きな意味が、つまり、歴史は神性の存在が開顕せられる場であるという意味がある。存在は、他の人間とともに人間の内面に開顕される。というのは、神は歴史のなかに唯一の独占的な仕方で姿を現わすのではないからである。可能性の面からいえば、それぞれの人が神と直接に向かいあっている。歴史の多様なあり方のうちには、けっして代置されえぬものや導出されえぬものの固有の権利があるのである。

このように明確に規定せずに歴史の意味を考える場合には、次のように言うことができる。すなわち、実現可能な幸福を地上における完成や人間的状態の楽園として予見したいと思うのであれば、歴史からは何ものをも期待することができないが、しかし逆に、神性への信仰とともに開かれてくる人間存在の深みが重要であるというのであれば、歴史から一切のものを期待することができる、と。それはまた、もし私が外側だけから何かを期待するというのであれば何ものをも望む余地はないが、逆に超越者の根源にあっておのれを委ねるのであれば一切のことを望みうる、ということでもある。

人類の統一

歴史の窮極目標とはいえないが、それ自体人間存在の最高の諸可能性に到達するための条件だと思われる目標を、形式的に人類の統一と規定することができる。

この統一は、科学による合理的に普遍的なものによってのみ達成されうるというわけではない。なぜなら、科学は悟性による統一を生み出すにすぎず、全体的人間の統一を生み出しはしないからである。それはまた、たとえば宗教会議での協議によって合意のうえ決定されることもあろうかとみられるような、普遍的宗教において設定されうるのでもない。さらにまたそれは、人間の健全な常識による啓蒙的言語を協定しあうことによって現実のものとなるのでもない。人類の統一はもっぱら歴史性の深みから獲得されるのであって、知ることのできる共通の内容をもつ統一ではなく、歴史的に相異なる人々が、その頂点では純粋な愛の戦いとなるような交わり、完結することのない対話による無制限の交わりをおし進めてゆく過程でのみ獲得されうる統一である。

人間にふさわしいこうした相互の対話のための前提となるのは、暴力のない場面である。こうした場面を獲得するために、現存在基盤の秩序による人類の統一が考えられ、この統一が多くの人にとって努力目標となっている。この統一目標は、現存在という基盤にのみあてはまるもので、共通の普遍妥当的な信仰統一を求めるものではないが、こうした統一の獲得は、避けがたい状況の強制に助けられ事実上の権力関係を媒介として精神的に粘り強くそれを戦いとろうとする者にとっては、まったくのユートピア的空想ではない。

このような統一の前提となるのは、ある種の政治的な現存在形態、すなわち、万人に対する自由の最高度の機会を提供するがゆえに万人がそこで協調しうるような政治的な現存在形態である。西洋でのみ部分的に実現され原則的に熟考されもしたこの形態は、法治国家、選挙と法律とによる統治の正統性、法的な過程にのみもとづく法律変更の可能性といった形態である。そこではもろもろの精神的存在者が、正しいことがらの認識と公共の意見とを得ようとして戦いあい、また、できるだけ多数の人々をして、最も明断な意見に到達せしめ、情報による完全なおのれの位置づけを獲得せしめるために、戦いを交えることになる。

戦争を終わりにすることは法的な世界秩序のなかで達成されうると思われるが、そうした秩序は、いかなる国家もそこにおいて絶対的主権をもたないような秩序であり、法秩序とその機能において動く人類にのみふさわしい秩序である。

人間の人間性は交わりを欲し、常になお不正なものではあってもより正しくなってゆく法秩序のために暴力を断念しようとするものではあるが、しかしその場合、そうした気持にもとづいて将来を一義的に救われるものとみる楽観主義は、われわれの役には立たない。むしろわれわれには、それとは反対の状態に陥る誘因がある。われわれは誰でも、われわれ自身のうちに次のようなものが存在することを知っている。すなわち、恣意とか、自己を照明することに対する抵抗とか、事態を糊塗するために哲学をも利用する詭弁といったものであり、また、交わりにあらずして他者に対する嫌悪であるとか、権力と暴力への欲求とか、盲目的に利得を得ようとして起こる戦争の機会とか、すべてを犠牲にする狂暴な決死の冒険によって大衆が心を奪われている熱狂といったものである。そしてわれわれは、断念し節約し忍耐して堅固な状態を純粋に構築しようとする心構えが大衆にはほとんどないということを知っており、また、精神のあらゆる舞台装置を貫徹しつつほとんど制御なしにおのれの道を無理に進もうとする激情を見いだすのである。

さらにまたわれわれは、人間の性格的特徴とはまったく無関係に、止揚しがたい不正があらゆる制度のうちに存在することを知っており、また、たとえば人口の増加とその分布によって、あるいは、万人が渇望するけれども分割しえぬようなものが独占的に私有されることによって、正義では解決しえないような諸状況が生じていることを知っている。

それゆえ、暴力が何らかの形で再び突発するような限界をわれわれはほとんど止揚しえないかのようにみえる。かくして、世界を統治するのは神なのか悪魔なのかという問題がくりかえし生じてくる。そして、悪魔はやはり結局は神に奉仕するものだと思うのは、理由づけることのできないひとつの信仰なのである。

歴史の超克

個人としてのわれわれが、終末に至って混沌たるものしか残っていないと思われるような歴史に直面して、関連をもたぬ偶然や圧倒的なできごとにおのれの生が引きずりこまれ単なる刹那的なものに没頭して崩壊してゆくのを認める場合、われわれはわが身を飛翔させ、それによって一切の歴史を超克することを求めることになるであろう。

たしかに、われわれはおのれの時代とおのれの状況とを意識しつづけざるをえないし、現代の哲学は、おのれがこの特定の場所でこの時代におかれていることを開明することなしには生成することができない。しかしながらわれわれは、時代の制約を受ける場合、だからといってそうした制約にもとづいて哲学するわけではなく、いかなる時代にもそうであるように、包越者にもとづいて哲学するのである。われわれは、おのれがそうなることができる姿をおのれの時代に転嫁してはならず、おのれの時代に隷属してはならない。むしろわれわれは、おのれの時代の開明をつうじて、われわれが深い根源にもとづいて生きることのできるようなところへと押し迫るように努めなければならない。

われわれはまた、歴史を神的なものにまで高めるべきではない。世界歴史は世界審判であるという〔ヘーゲルの〕、神を無視する言葉を承認する必要はないのである。世界歴史は最終の法廷ではない。われわれが挫折するということは、超越的な根拠をもつものとして見いだされる真理を否定する反論とはならない。歴史を断ち切りつつおのれのものとすることによって、われわれは永遠性のなかに錨をおろすことになるのである。

10　哲学する人間の独立性

独立性の喪失

人間の独立性は、あらゆる全体主義によって拒否される。たとえば、宗教信仰としての全体主義が、唯一的なおのれの真理を認めよという要求を万人にかかげる場合であれ、国家としての全体主義が、自由時間の仕事さえ全体主義の考え方に合わせねばならない場合のように、一切の人間的なものを権力機構を構築することに融かしこんで、個性的なものの残る余地をまったく与えない場合であれ、事情は同じである。そこでは、一切の現実生活に典型的なものや慣習的なことや確実に自明なことなどが氾濫するなかで、独立性は音もなく没落してゆくように思われる。

ところが哲学するということは、いかなる条件のもとにあってもおのれの内的な独立性を戦いとるということなのである。では、この内的な独立性とは何であろうか。

古代末期における哲学者たちの独立性の姿

古代末期以来、独立的人間としての哲学者の姿が常に見られる。その姿にはいくつかの特徴がある。この哲学者が独立的であるのは、第一には、彼が世界や財物から自由で、衝動の支配を免れていて、欲望をもたないからであって、彼の生活は禁欲的である。第二に彼は、宗教の教える恐怖の光景が偽りであることを見通していて不安をもたないがゆえに独立的であり、第三に、国家や政治に関与せず、世界市民として、拘束をうけず安らかに隠れて生きるがゆえに独立的なのである。いずれの場合にもこの哲学者は、狼狽せぬ心と動揺のない心とに到達できるように、ひとつの絶対に独立的な点を、つまり一切の事物の外に立つ立場を信じているのである。

こうした哲学者は、讃嘆の対象となったが、しかしまた同時に不信の対象ともなった。彼の現実の姿は、たしかに、貧困や独身や無職や反政治的な生き方のなかにある並々ならぬ独立性を多様な形で示しており、また、外側から来るものによっては制約されることのない幸福、むしろ放浪の意識のなかで、また運命の打撃に対する無関心さのなかで成就されるような幸福のあり方を示している。しかしながら多くの場合、これら哲学者の姿には同時に、強い自己感情が、影響欲と同時に高慢さと虚栄心が、人間の問題における冷淡さと他の哲学者に対する敵意の憎悪が表われてもいる。また彼らはすべて、教説における独断的な態度をもっている。この場合の独立性はまったく純粋ではないゆえ、しばしば笑うべき無意識の従属性となって現われるほどである。

そうはいってもここギリシア哲学には、聖書宗教の場合とならんで、われわれに可能な独立性の歴史的源泉がある。こうした哲学者との交渉は、独立的であろうとする人間の意志を鼓舞する。おそらくそこでは、他者から遊離しているという孤立した点の上に身を支えることはできないということが悟られることによって、かえって人間の独立性が鼓舞されることになるのであろう。しかし、誤って絶対的自由と見なされているこの自由は、すぐに逆の従属性に転化する。すなわち外面的には、世間の承認を求める当の世間への従属性に転化し、内面的には、不明瞭な情熱への従属性に転化する。われわれは、古代末期の哲学者が歩んだこうした道を進むことはできない。古代末期の哲学者は、部分的には立派な外観を示しているにもかかわらず、自由への戦いにおいて、硬直した姿と背景をもたぬ仮面とを生みだしたのであった。

独立性は絶対のものと考えられる場合にはその反対のものに転倒するということ、このことは明らかである。いかなる意味で独立性を戦いとることができるかは、けっして容易には答えることのできない問題である。

独立性はあいまいである

独立性は、ほぼいかんともしがたいほどあいまいである。いくつかの例をあげてみよう。

哲学、特に形而上学としての哲学は、いわば思惟の画像ともいうべき思考のたわむれを描き出そうとするが、その場合、画像を生み出す思惟者は当の画像に対して、おのれの無限の可能性によって優位を保ちつづける。しかしこの点に関しては次のような疑問が生じる。すなわち、人間が自分の思想の主人であるのは、彼が神をもたず、それぞれに自分で定めた思惟活動の規則に従い、自分の思惟形式に有頂点になって、何らかの根拠へのかかわりなしに勝手に創造的な思惟活動を進めることができるからであるのか、それとも逆に、人間が神とかかわっていて、自分の言葉——人間は外被と図形としてのこの言葉のなかに、絶対的存在として言葉においては常に不適切に現われるがゆえに無限に変容せざるをえないものを、封じこめねばならない——に対して優位を保っているからであるのか、という疑問である。哲学する者のここでの独立性は、彼がドグマとしてのおのれの思想に隷属し屈服するのではなく、おのれの思想の主人になるという点に存する。ところが、おのれの思想の主人であるということが常にあいまいなのである——つまり、恣意的な拘束のない状態のことなのか、それとも超越者において拘束されていることなのかがあいまいなのである。

もうひとつの例として次のような場合がある。われわれは、自分の独立性を獲得するために、世界の外なるアルキメデスの点を求める。それは真実の探究ではあるが、しかしそこにおいては次のような疑問が生じる。すなわち、そのアルキメデスの点は全体的に独立性をもった人間をいわば神にまで高めるような外側の存在なのか、それとも、人間が本当に神と出会って神への唯一的で完全な依存——これによってはじめて彼は世界内で独立のものとなる——を経験する場であるような外側の点なのか、という疑問である。

独立性ということは、こうしたあいまいさをもっているため、歴史的な充実をそなえた本来的自己存在に至る道とはならずに、むしろ、いつでも違ったものでありうるという無責任な態度として現われやすい。この場合の自己存在は、その場その場で演じられるもろもろの単なる役割となって見失われてゆく。あらゆる偽瞞的なものと同様に、こうした見せかけの独立性には数限りない形態がある。それにはたとえば次のようなものがある。

人間であれ動物であれ石ころであれすべてのものを美的な態度で見るという姿勢が可能であり、それはおそらく、あたかも神話的知覚が繰り返されでもするような幻想の力によるものであろう。しかしこの態度は、いわば「目をあけたまま死んで」〔ニーチェ『人間的な、あまりに人間的な』II 参照〕いるような観察の態度である。なぜならそこには、あらゆる生命の危険をおかす心構えはあっても、無制約的なものにおのれを基礎づけようとする心構えはなく、おのれの生を基礎づけるような決断による決定が伴わないからである。そこでは、矛盾したことや背理なことに頓着せず、ものごとを認知してゆこうと限りなく渇望して、時代の束縛を受けながらもできるだけこの束縛を免れておのれの意志と経験の独立性を保ちつつ生きてゆこうとする生活が営まれるが、こうした生活は、そうした束縛にまったく困惑しながらも内的な冷静さを保持し、おのれの見たものを形式化することに現実生活の頂点を見いだし、言葉を存在とするような生活である。

こうした、世界に拘束されることのない独立性にあっては、おのれ自身を無視することが好まれる。見るということに満足することは存在に心を奪われる感動となる。そして、一種の思弁の詩作であるこの神話的思考のなかであたかも存在が顕わになるかのように思われるのである。

しかしながら存在は、見ることにのみ没頭する態度に対しては顕わにならない。〔存在が顕わになるには〕いかに真剣なものであれ孤独な幻想では不十分であるし、言葉の言いまわしや感動的な形象による、交わりを伴わない伝達――知識や予言を示す命令調の言い方による、交わりを伴わない伝達――でも不十分である。たとえば、存在そのものを所有していると錯覚する場合には、人々に自分自身を忘れさせようとする努力がなされることがある。もろもろの存在の仮説にあっては人間は消滅してしまう。しかしこの存在の仮説にはやはり常に、逆のほうへ転換しようとする萌芽が含まれており、そこに秘められた不満足さは、本来的な真剣さ――実存が現前する場合にのみ現実のものとなる真剣さ、あるがままのものを見て好きなことをするという破壊的な態度を免れている真剣さ――をとりもどすための成果をあげることができる。

世界に拘束されることのない独立性はさらに、恣意的な思惟にも現われてくる。対立しあったものが互いに無責任にたわむれ合うところでは、必要に応じてどのような姿勢をとることも許される。われわれはどれかひとつの方法を純粋におし進めることなくあらゆる方法に通暁するようになるし、気持のうえでは非科学的でありながら、科学的であるという素振りをすることができる。あれこれと述べたてる人は、たえず変容していて、〔自由におのれの姿をかえる海神〕プロテウスのように移り気で捉えどころがなく、本当は何ごとも述べてはいないのに大変なことを約束しているように見せかける。そういった人は、何かを予感せしめる暗示とか、ひそかな囁きとか、秘密めいたものを感じさせることなどによって人の心をひきつける。しかしそこには本当の議論はありえず、興味あることに幾重にも気を惹かれてあれこれと述べたてるような話し方があるにすぎない。そこでは、錯覚に心を奪われた人たちが、目標なしにいっしょに溶けこみあえるようになるだけである。

世界に拘束されることのない独立性は、次のように、耐えがたくなったこの世界には関与しないという形で現われることもありうる。

たとえば、死はどうでもよいことだ、死がやってくるであろうが、なぜそんなことに興奮するのだ、といった態度がそれである。

また、人は生命力が求める快楽にもとづいて生きることもあり、この快楽がなくなることに苦しみながら生きることもある。自然的に肯定する態度によって、まさにあるがままにその時々に感じかつ生きる生き方が許容されるというわけである。論争は起こらなくなる。論争など、もはやなんの足しにもならないというわけである。温かみをもった愛が可能ではあるが、それは時間という流れ去ってゆくものに、つまりまったく不安定なものに委ねられてしまう。ここには無制約的なものは何もない。

さらにまた、捉われない生き方を望み、特別のことをしたり特別のものであろうとしたりしない人たちもいる。そこでは、要求されることないしは適当だと思われることがなされるだけで、激情は子供じみたこととみられ、日常的なことを共同で行なう際には人は互いに助けあおうとする。

もはや何の期待もなくいまここで生きるというだけの現実生活は、何らかの地平や遙かな遠さや過去と未来などによって迎え入れられることがない。

われわれが陥る可能性をもつこうした多くの形の偽瞞的独立性のために、独立性そのものが疑わしいものとされる。真の独立性を獲得するためには、右のようなあいまいな事態を開明することだけではなく一切の独立性の限界についての意識をもつことが必要であるということ、これは確かなことである。

独立性の限界

世界――超越者――人間の根本態勢

絶対的な独立性はありえない。われわれは、思惟するときには、われわれに必然的に与えられている直観を頼りにしている。またわれわれは、現実生活にあっては他者を頼りにし、この他者と助けあうことによってはじめて互いの生活が可能になる。さらに、自己存在としてのわれわれは他の自己存在を頼りにし、この他の自己存在との交わりのなかではじめて共に真に自分自身に到達する。また孤立した自由は存在しない。この自由が存在するところ自由と不自由との戦いが起こるのであり、不自由が完全に超克されることがあるとすれば、〔自由に対する〕一切の抵抗が除去される結果として自由そのものが止揚されることになるであろう。

それゆえわれわれが独立的であるのは、同時にこの世界のなかに巻き込まれている場合だけである。世界を棄て去ることによって独立性が実現されるということはない。この世界において独立的であるということは、むしろ、独特の仕方でこの世界にかかわっているということを意味するのであって、それは、世界に関与すると同時に関与せず、世界の内にあると同時に外にあるという仕方でのかかわり方である。次のような偉大な思想家たちの言葉は、まったく異なる意味のものでありながら、その点で共通性をもっている。

アリスティッポスは、すべての経験や享楽や幸不幸の状態に関して、私は〔そうしたものを〕持っているがしかし持たないようになると言い、パウロは、地上の生活への不可欠な関与の仕方について、あたかも関与しないかのように関与すべきことを要請している。バガバド・ギータでは、仕事をせよ、だがその成果を求めてはならないと命じられている。老子には無為の為という要求がある。

こうした不朽の哲学的命題が指示していることには解釈が必要であり、この解釈には際限がない。しかしここでのわれわれにとっては、これらの命題はおのれの内面的独立性を言い表わす様式なのだというだけで十分である。世界から独立的であるということは、この世界内での一種の従属性と不可分のことなのである。

独立性につきまとう第二の限界は、独立性はそれ自身のみでは次のように無意味なものになるという点にある。

独立性は、消極的には、不安からの自由とか、幸不幸に対する無関心さとか、単なる傍観的思考の無謬性とか、感情や衝動によって動かされることのない恒常心などと表現されてきた。しかしこうした場合、独立的になったのは、自我一般という単なる点のような自己にすぎない。

独立性の実質内容は独立性それ自体からは出てこない。それは素質や生命や種族といったものの力ではないし、また権力意志でも自己創造でもない。

哲学的思考は、超越者による絶対的拘束と同一であるような、世界内での独立性から生じてくる。世間的拘束を伴わない誤れる独立性は、ただちに空虚な思惟に、すなわち、内容のあるところに現われず理念に関与せず実存にもとづくことのない形式的な思惟に転化する。なかんずくこの誤れる独立性は、すべてを否認してゆく恣意的な態度となる。問いを導いてゆく何らかの拘束力をもたずに一切を疑問視することは、独立性という名にまったく値しないことなのである。

こうした見方に対しては、神が存在しない場合にこそはじめて人間は自由になるというニーチェの徹底した命題が対立する。なぜなら、神が存在するとすれば、人間は、何の力ももたない流れる水と同様にいつでもいわば神に帰着してしまうものである以上、生成するということがないからである。しかしながらこうしたニーチェに対しては、われわれはこの同じ比喩を使って正反対のことを次のように主張せねばならないであろう。すなわち、神を見やる視線のなかでこそ、人間は、生の単純な生起という無意味なところによどみなく帰着してしまうことなしに自らを高めてゆくのだ、と。

われわれのもちうる独立性の第三の限界は、われわれ人間存在の根本態勢にある。われわれは人間であるかぎりもろもろの根本的倒錯にはまりこんでいて、そこから抜け出すことはできない。われわれの意識の最初の目ざめと同時に、われわれはすでに錯覚に陥るのである。

聖書では、右の倒錯が原罪によって神話的に説明されている。また、ヘーゲル哲学では人間の自己疎外が大がかりに開明されており、キルケゴールは、絶望して閉鎖性のうちに閉じこもるという人間の内なる悪魔的なものを感動的に示している。もっと大まかではあるが、社会学ではわれわれを支配しているもろもろのイデオロギーが、心理学では同様の心的複合体が問題とされている。

自分の独立性に本当に到達するために［われわれの内なる］こうした抑圧や忘却、隠蔽や被覆や倒錯を統御することがわれわれにできるであろうか。パウロは、われわれは本当に善であることはできないということを示している。というのは、よいと知ることなしによい行為をすることはできないが、しかし自分の行為をよいと知る場合、私はすでに傲慢に陥っており、自ら安心することになるからである。カントは、われわれがよい行為をする場合、自分の幸福がそれによってひどく損なわれることはないという隠れた動機がその行為の条件となっており、ためにそのよい行為は不純になる、ということを示している。この根本悪を克服することはできないのである。

われわれの独立性そのものが他者の援助を必要とする。われわれは、われわれを倒錯した状態から救い出してくれるような援助に――世界内での明白な形なしに――心のなかでかつ理解できぬまま到達するよう努力することができるだけであり、また到達しうるよう希望せねばならないのである。われわれに得られる独立性は常に超越者への依存性なのである。

結　論――今日独立性はどのような外観を呈しうるか

今日でも可能な哲学的思考の独立性ということに関して、どのように言えるであろうか。

哲学のいかなる学派にも身をゆだねず、言い表わされた真理自身を独立的唯一的な真理とは考えないこと、自分の思考を統御すること。

所有物としての哲学を集積するのではなく、運動としての哲学的思考を深化すること。

制限のない交わりを遂行するなかで真理と人間性とのために戦うこと。

一切の過去のものをおのれのものとしつつそれから学びとり、同時代のものを聞きとり、すべての起こりうることに対して身を開いておくことができるようにすること。

さらに、それぞれにこの特定の個人として、おのれの由来であるおのれの固有の歴史性に、またおのれの行動の成果に沈潜し、過去のおのれのあり方や自己生成や贈与されているおのれをひきうけること。

おのれの歴史性をつうじて人類全体の歴史性へと、同時にまた世界市民というあり方へと成長してゆくこと。

われわれには、攻撃されることのない哲学者は信じられず、ストア派のいう心の安らぎは信じられない。われわれは不動心というものさえ渇望しようとは思わない。というのは、われわれを情熱と不安に陥れるものはわれわれ人間存在自身であるし、また涙と歓呼とのただなかで存在をわれわれに経験せしめるものも人間存在自身であるからである。かくしてわれわれは、情緒の動きに縛られた状態から飛翔することによってのみおのれ自身に到達できるのであって、そうした情緒の動きを抹殺することによってではない。それゆえにわれわれは、人間であるという事実のなかに敢然と押し入り、そこにおいて、充実したおのれの独立性に向かっておし進むためにおのれのなしうることをしなければならない。そうすれば、苦悩はしても歎き悲しむことはあるまいし、絶望することはあっても没落することはあるまいし、内的独立性としてわれわれに生成してくるものに受けとめられているかぎり、動揺することはあっても完全にくつがえされることはないであろう。

とはいえ哲学するということはこうした独立性を学ぶことであって、それを所有することではないのである。

11　哲学的生活態度

客観的秩序のなかでの生活と個々人としての生活

われわれの人生は、散漫な生活のなかで崩れ去ってはならないとすれば、ある秩序のなかで営まれなければならない。そうした人生は、日常的に包越者に支えられていなければならず、労働の仕組みのなかでも相互の関連を獲得し、充実と高揚した瞬間とをもたねばならず、同じことを繰り返しながら深化してゆくのでなければならない。そうしたことがなされれば、この人生には、いつも同じ動作の労働をすることにおいても、ひとつの意味との関連を自覚した気分が浸透することになる。そうした場合のわれわれは、ある種の世界意識と自己意識のうちに庇護されているようなものであり、われわれが帰属している歴史のうちに、また回想と忠実とをつうずる固有の生き方のうちに、おのれの生の地盤をもつことになる。

個々人は、自分が生まれついた世界から、また、生まれて死ぬまでの大きな歩みにも日常の小さな歩みにも形式を与え生命を与える教会から、そうした秩序を手に入れることができる。この場合、個々人は、日常自分の目で見ることができ自分の環境界のうちに現前しているものを、自発的能力によって手に入れてゆく。伝統的なものがしだいに信じられなくなるような崩壊してゆくこの世界での生き方は、右のものとは異なったものである。また、表面的な秩序として存立しているにすぎず象徴や超越者を欠いている世界、人の心を空疎にして人を満足させることがなく、人間を自由にする場合でも欲望と退屈、不安と無関心という状態で人間を彼自身のみに委ねるような世界での生き方も、最初に示した生き方とは異なったものである。かくして個人は自分を頼りにすることとなる。そして哲学的な生活をする際の個人は、もはや環境界が提供できないようなものを自分の力で構築してゆこうと努めるのである。

暗黒や破局的状態や自己忘却からの出発

哲学的な生活をしようとする意志は、個々人が置かれている暗黒の状態から、愛せぬままに虚空を凝視するような場合の破局的状態から、また仕事に消耗して自己を忘却した状態から生じてくる。この最後の場合は、その人が突然に目ざめて驚き、自分が何であり何を見落としているのか、何をしたらよいのかと自らたずねる場合である。

そのような自己忘却の状態は技術的世界によって促進される。時計によって秩序づけられ、精力を消耗するかさもなければ無意味であるような労働——人間らしい人間を充実することがますます少なくなっている労働——によって細分されて、この自己忘却の状態がその極にまでおし進められるため、人間は自分を、そここに交互にはめこまれていて、放り出されれば何ものでもなく自分をどうすることもできないような、機械の一部と感じるほどである。そして個人がまさに自分自身に到達しはじめる場合にも、この巨大な〔技術的〕世界は、無意味な労働と自由時間の無意味な享楽という一切を飲みこんでしまう機構のなかに、その人を再び引きずりこもうとするのである。

しかしながら、自己を忘却したいと思う傾向はすでに人間それ自身のうちに内在している。世間のことや、因襲や、無分別に自明とされていることや、固定した軌道といったものに没頭しておのれを失わぬようにするためには、そうしたものから脱出することが必要である。

哲学するということは、根源を目ざめさせておき、おのれ自身にたち戻り、内的行為によって力のかぎりおのれ自身を助けようと決断することである。

もちろん、現実生活でまずもってなすべき明確なことは、実際上の職務である日々の要請に従うことではある。しかしそうしたことだけで満足するわけではないということ、むしろ、単純に労働しいろいろな目的に没頭することがすでに自己忘却に至る道でありしたがって怠慢であり罪責でもあることに気づくということ、このことこそ哲学的生活に至ろうとする意志である。さらに、人間に関する経験を、つまり幸福と悩み、成就と断念、暗黒と混乱といった経験を、真剣に受けとることが必要である。そうしたものを忘却するのではなく内面でおのれのものにすること、そうしたものから目をそむけるのではなく内面的にそれを克服すること、片のついたことにしてしまうのではなく開明しぬくこと、こうした生き方が哲学的生活である。

哲学的生活には二つの道がある。ひとつは、孤独な道、あらゆる種類の反省をつうじて瞑想するという道であり、いまひとつは、他の人々といっしょに歩むという道、いっしょに行動し語りあい黙しあいながらあらゆる種類の相互理解をつうじて交わりを進めてゆくという道である。

瞑想

われわれ人間には、その日その日の深い熟慮の瞬間というものが不可欠である。避けがたい散漫な日常的生活にあっても、〔生の〕根源の現前する事態が完全に消滅することがないように、われわれは〔そうした熟慮によって〕自己を確認するのである。

宗教が礼拝や祈りという形で成就するものに対する哲学上の類似物は、存在そのものへの断固たる深化と内省である。そうした深化と内省は、われわれがこの世界で世界の諸目的にかかわるのではないがしかし無内容なままでいるのでもなく、ほかならぬ本質的なものに触れるような時間と瞬間に――その日の始めであろうと終わりであろうと、あるいは日中のある瞬間であろうと――生じるのである。

礼拝における瞑想とは異なり、哲学的な瞑想には聖なる対象も聖なる場所も固定した形式も存在しない。哲学的瞑想をするためにわれわれが作り出す秩序は規則とはならず、自由に運動しうる可能性でありつづける。礼拝の共同体があるのとは異なり、こうした哲学的瞑想は孤独な瞑想である。

哲学的な瞑想の内容にはどのようなものがありうるであろうか。

第一に自己反省がある。私は自分がその日にしたこと考えたこと感じたことを自分で思い浮かべる。間違っていたことや自分自身に関して誠実でなかった場面や逃避したいと思ったり不正直であった場面を、自分で吟味するのである。私は自分と調和し自分を高めえたと思われる場面を自分で見てとる。私は、自分自身に対するコントロール、一日じゅう堅持されるようなコントロールを意識的に行なう。私は私に関して――といっても私の個々の振舞いに関してであって、私には近づきえない全体としての私に関してではないが――判断を下すし、また、わが身を順応させたいと思うような原則を見つける。さらに私はおそらく、怒ったり絶望したり退屈したりして自己を見失った場合に自分で自分に語りかけたいと思う言葉を、つまり自分を想起させてくれるいわば呪文のようなもの（たとえば、節制せよ、他者のことを考量せよ、待て、神が存在する、といった言葉）を自分で決定するであろう。私は、ピタゴラス派からストア派とキリスト者を経てキルケゴールとニーチェに至る伝統のなかから学びとってゆくが、それは、こうした伝統が自己反省せよという要請を含み、自己反省が完結せず限りない錯誤の可能性をもっていることを知るようにという要請を含んでいるからである。

第二のものは超越してゆく瞑想である。哲学的思考の歩みに導かれながら、私には本来的存在たる神性が確信される。私は詩と芸術の助けをかりて存在の暗号を読みとり、この暗号を、哲学的に描き出すことによって理解できるものとする。私は時間とは無関係なものや永遠なるものを時間のなかで確認し、私の自由の根源に、さらにはこの自由をつうじて存在自身に触れようと努め、いわば創造に関知するような根拠にまで深まってゆこうと努める。

第三に、いま現在何をなすべきかということが熟慮される。目的をめざす思考の力強さが免れがたいものであるゆえに私の生き方から包越的な意味が失われる場合、共同体のなかでの自分に固有の生のあり方を想起することは、この日常のきわめて些細なことがらにまで及ぶ現在の課題が明白なものになるための背景となる。

交わり

こうした瞑想のなかで私が私一人で獲得するもの、それは――もしそれが一切だというのであれば――獲得されなかったも同然である。

他者との交わりのなかで現実化されることのないものはまだ存在しないものであるし、最終的に交わりのうちに根拠をもつのではないものに十分な根拠はない。真理は二人のあいだで始められるものなのである。それゆえ哲学は、たえず交わりを求め徹底して交わりをおし進めることを要請し、いつも違った衣をまとっておのれの考えを押しつけようとする傲慢なおのれの自己主張を放棄するようにと要請し、また、この自己放棄にもとづいて私が私に数えきれぬほどくりかえし贈与されるであろうと希望しながら生きることを要請する。

だから私は自分をたえず疑わねばならず、安心してはならない。また、自分を信頼できるものとして照らし出し真実だと評価するような、私の内なる臆測上の不動の地点を頼りにしてはならない。そうした自己確信は、誠実さを欠いた自己主張の最も誘惑にみちたあり方である。

瞑想の成果

根本気分、試み、生きることを学ぶこと、死ぬことを学ぶこと

自己反省と超越してゆく瞑想と課題を思い描くことという三つの形の瞑想を遂行し、制限のない交わりに対しておのれの身を開く場合、そうした私には、その到来をけっして無理強いすることのできないようなことが、すなわち、私の愛の明断さ、隠れていて常に不確実でありつづける神性の要請、存在の開顕性といったことが、私の考量をこえて現前することになる。そして、それと同時におそらくは、われわれの生活の絶えざる不安のなかでの心の安らぎ、恐るべき不幸の存在にもかかわらず感得される事物の根拠への信頼、動揺するおのれの激情のただなかでの決断の確かさ、この世界の誘惑にみちた刹那的なことがらのなかにあっての忠実さの信頼性といったことも、私に現前してくることになるであろう。

こうした瞑想の過程で、私が生きる根拠、しかもよりよく生きることのできる根拠である包越者が覚知されるなら、この瞑想は、際限なく働いていて技術的装置のなかに引きこまれているときでさえ私を一日じゅう支えてくれるような、根本的気分となって広がることになる。なぜなら、その日その日のすべての気分や運動の背後になお常に現前していて私の心をひきしめ、私が道をはずれて混乱に陥り情欲に動かされる場合にも私をまったく地盤のないところに没落させることのないような根本態度が獲得されるということ、このことこそ、いわば私が私自身に還帰する瞬間のもつ意味であるからである。というのも、こうした瞬間によってこそ、現在のもののうちに同時に回想と未来とが存在することになり、互いに相関を保って持続しつづけるようなものが存在することになるからである。

こうした場合の哲学することとは、生きることを学ぶこともしくは死ぬことができることと同一である。時間のなかでの現実生活は不確実であって、そのために人生は常にひとつの試みなのである。

この試みにあっては、断固として人生に押し入ってゆくこと、最悪の事態に対してもわが身をさらしておのれを糊塗しないこと、ものを見たり問うたり答えたりするに当たっては制限なしに誠実さを支配せしめること、こうした態度が肝要である。そしてさらには、全体を知ることがなく本来的なものを明確に所有することがないままにおのれの道を歩んでゆく生き方、また、この世界から直接客観的に超越者を見ることができるようなのぞき窓ともいうべきものを偽りの議論や欺瞞的な経験によって見いだしたり、直接明確にわれわれに語りかける神の言葉を聞いたりするのではなく、むしろ、事物の常にあいまいな言葉である暗号を聞きとりながらしかも超越者を確信して生きる生き方、こうした生き方こそ肝要なのである。

こうした態度によってこそ、疑わしい現実生活にあって人生はよいものとなり、世界はすばらしいものとなり、現実生活そのものが充実したものとなるのである。

哲学することが死を学ぶことであるというのであれば、この場合、死ぬことができるという能力は正しく生きるための条件にほかならない。生きることを学ぶことと死ぬことができるということは同一のことなのである。

思考の力

瞑想は思考の力というものを教示している。

思惟することは人間であることの端緒である。対象を正しく認識することによって合理的なものの力が知られるのであって、計算の手続きとか、自然についての経験的な知とか、技術的な計画といったものはいずれも合理的なものの力を示すものなのである。推論における論理の強制力とか、因果系列にあるものの洞察とか、経験の明確さといったことは、それらを遂行する場合の方法が純粋になればなるほど強大なものとなる。

しかし、哲学することはこうした悟性知の限界で開始される。われわれにとってほんとうに重要なことがら、すなわち目標と窮極目的との設定とか、最高善の認識とか、神と人間の自由との認識といったことがらにおいては合理的なものは無力であるが、この無力さゆえに、悟性という手段を用いつつ悟性以上であるような思惟が呼びさまされる。それゆえ、哲学的思考は、自ら燃えたつために悟性認識の限界へとおし進んでゆく。

一切のことを見通していると思うような人はもはや哲学してはいないのである。科学によって熟知された知を存在そのものとか全体としての存在の認識と考えるような人は、科学への迷信に隷属する者である。もはや驚愕することのない人は、もはや問いを発することもない。もはや秘密のあることに気づかぬ人は、もはや探求することをしない。知の諸可能性の限界で得られる根本的な謙虚さによって、哲学的思考は、知の限界で知としては捉えられぬ形で姿を現わすものに対する十全に開かれた態度を熟知している。

こうした知の限界では認識は停止するが、思惟が停止するというわけではない。私は知を技術的に応用しながら知によって外的な行動をするのだが、これに対して、自分の変革がなされるような内的行為というものは無知において可能なものなのである。この後者の場合には、悟性的思惟よりもいっそう深い別の思考の力が現われてくる。そしてこの思考は自分と離れたひとつの対象に向かうものではなく、私の本質の最も深い内面においてなされる実践であって、この実践においては、思惟と存在とは同一のものとなる。内的行為としてのこの思惟は、技術的なものという外的な力を基準として測れば無のようなものであって、ある種の知を応用したものとして獲得されるものではなく、意図的計画的になされうるものでもない。しかしそれは、私が本来的に明らかになる仕方であると同時に私が本質的になる仕方なのである。

悟性（知性 ratio）は、われわれの視野を大きく拡大するものであって、もろもろの対象を固定し存在者のあいだの緊張を展開して、当の悟性が捉えないすべてのものをもはじめてそれ自体として強力かつ明晰なものにしてゆく。悟性の明晰さは、もろもろの限界を明らかにすることができるのであり、かくして、思惟であると同時に行動でもあり内面的行動であると同時に外的行動でもあるような本来的衝動を呼びさますものとなる。

哲学者に対しては、おのれの教説に従った生き方をすべきであるとの要請がなされる。だがこの要請の命題は、それ自身のもちうる意味をうまく表現したものではない。というのは、哲学者のもっている教説とは、事物を経験的に知られる類のもとに包摂したりいろいろな事態を法の規範のもとに包摂する場合とまさしく同じように実際の現実生活をそのもとに包摂しうるような、規則という意味での教説ではないからである。哲学的思想は、いろいろなことに応用できるものではなく、むしろ〔それ自身が〕現実性なのであって、この思想を成就しながら人間自身が生きるのだ、人間の生はこの思想で貫徹されているのだと言われうる現実性なのである。それゆえ、（人間とその科学的認識とのあいだの分離が可能であるのに反して）人間であることと哲学することとは不可分であるということになり、また、単にある哲学思想を追想することのみが必要なのではなく、この思想とともに、それを思惟した哲学的な人間のあり方をも同時に覚知することが必要になるのである。

倒錯

哲学的な生活は常に、さまざまな倒錯のなかで崩れさってゆくおそれがあるが、そうした倒錯を正当化するものとして哲学的命題そのものが利用される。現存在的な意志の要求が、以下のように、実存開明の定式的表現を用いることによって糊塗される。

〔実存開明における〕安らぎは受動的な態度に変じてしまい、信頼は一切の事物の調和を欺瞞的に信じる信仰に、死ぬことのできる能力はこの世界からの逃避に、理性は一切を成り行きにまかせる無関心さに変じてしまう。最善のものが最悪のものへと転倒されるわけである。

また、交わりへの意志は、次のような矛盾したごまかしのなかで欺瞞に陥る。すなわち、保護されることを望みながら、しかもおのれを照明することにおける絶対的自己確実性の要求に固執するというごまかしであり、また、自分の神経の弱さゆえに容赦を求めながら、しかも同時に自由なものとしての自己の承認を要求するというごまかしであり、また、徹底した交わりの心構えができていると称しながら用心し沈黙しひそかな嫌悪を抱くとか、ことがらを問題としているつもりなのに実際には自分のことを考えているといったごまかしである。

自己の内なるこうした倒錯を見透して超克しようとする哲学的生活は、自らが不安定な状態にあることを自覚しており、そうした不安定さゆえに、敵対者を求め疑問視を切望する批判をたえず待ちうけ、また、服従するためにではなく自ら自己を照明しながら前進してゆくために何ごとかを聞きとろうとする。こうした哲学的生活においては真理が見いだされるし、また、完全に開かれた姿勢と徹底した姿勢がその交わりに存在する場合には、おのれを捧げつつ他者と一致しあうなかで予期せぬ確証が見いだされることになる。

哲学的思考にとっては、そこにおいて交わりへの信仰にもとづく生活がなされ交わりへの断固たる前進がなされる場合でさえ、完全な交わりということはその可能性さえ不確実であらざるをえない。交わりを信じることはできるが、その交わりを知として所有することはできない。もし人が交わりを所有物としてもっているつもりになるならば、そのときすでに交わりは失われているのである。

というのは、哲学することによってもけっして窮極のものとして承認されることのないようなおそるべき限界があるからであって、それは、開明しつくすことのできないものを忘却の彼方に沈みこませたり許容したり承認したりするという限界である。そしてまたわれわれはあまりに多くの言辞を弄している——重大なことがらは、普遍的命題によってではないが具体的状況を示すしるしという形で、まったく単純に言いあてられるというのに。

さまざまな倒錯が生じて紛糾や混乱が起こる場合、現代人は神経科医師を頼りにする。実際、われわれの心的態勢にかかわりをもつような身体の病気や神経症というものがある。そうした病気等を把握し熟知しそれにかかわるということは、現実主義的行動のひとつである。医師が批判的経験にもとづいて何ごとかを現実的に知りかつなし能う場合、そうした医師なる人間的法廷は無視されてはならない。しかしながら、今日の精神療法の基礎にあっては、もはや医学にもとづく医師の問題がではなく、哲学的な、したがってあらゆる哲学的努力と同様に倫理的形而上学的検討を要するような問題が生じている。

目標

哲学的生活の目標を、到達可能であってしかも完結してでもいるかのような一定の状態として定式化することはできない。われわれのもろもろの状態は、おのれの実存がたえず努力したり力を失ったりすることの現象であるにすぎない。われわれ人間の本質は、途上にあるということである。われわれは時間を突きぬけてゆきたいと思っているが、それはただ以下のような両極性のなかでのみ可能である。

われわれの歴史性のこの時間のうちに全面的に実存することにおいてのみ、われわれには永遠の現在について何らかのことが経験される。

一定の形態をもつそれぞれ特定の人間としてのみ、われわれには人間存在そのものが確実になる。

自分自身の時代をわれわれの包括的現実として経験する場合にのみ、われわれはこの時代を歴史の一者において捉え、歴史のなかに永遠なるものを捉えることができる。

〔本来的なものへの〕飛翔においてわれわれは、いっそう明白になってゆく根源に、われわれのもろもろの状態の背後で触れるのだが、しかしこの根源は常にあいまいになるという危険性をもつ。

哲学的生活のこうした飛翔はそれぞれ、この人間のこの飛翔である。こうした飛翔は、他者に責任を転嫁することのないような交わりのなかで、個人の飛翔として成就されねばならない。

この飛翔が獲得されるのは、もっぱらわれわれの生の歴史的に具体的な選択作用によってであるが、それも、命題という形で伝達されるいわゆる世界観のひとつの選択によってではない。

最後に、現代における哲学的状況を比喩的に性格づけておこう。哲学者はいままで、――現実主義的経験とか個別科学とか範疇論および方法論といった形での――大地の確かな地盤の上におのれを位置づけ、この大地の境界で安定した軌道に乗って理念の世界を通りぬけてきたが、現代の哲学者は、おのれの実存において超越者として現前する一者を探求するための発見の船旅に必要な船を探し求めて、水にこがれて飛びたつ蝶のように結局は大洋の岸辺をふわふわと飛びまわることになる。彼はこの船を――つまり哲学的思惟と哲学的生活の方法を――、目に見えてはいるが最終的に手に入れてはいない船を探し求めるのであって、こうした辛苦をなめつつ、おそらくはまったく奇妙なよろめき歩きをするのであろう。

われわれはそうした蝶のようなものであって、もしも固定した大地への方位づけを放棄するならば没落してしまうのである。しかしわれわれはその大地に留まることには満足できない。それゆえわれわれのふわふわと飛びまわる動きはまったく不安定であって、固定した大地に安全に腰を据えて満足している人からみれば、おそらくはまったく笑止なものであろう。それは、不安に捉われたことのある人にのみ理解されうることである。こうした人たちにとっては、この世界は、一切がそれに帰属するような、また各人がおのれ自身のところから歩み出て他者といっしょに敢行せねばならないような飛翔を、またそれ自身は本来の教説の対象とはなりえないような飛翔を始めるための出発点となるのである。

12　哲学の歴史

哲学と教会　哲学の研究

哲学は宗教と同じくらい歴史の古いものであり、いかなる教会よりも歴史の古いものである。それぞれの哲学の人間的な現われが高貴で純粋であり、その精神が真実であるということによって、哲学は、常にそうであったとはいえないまでもたいていは、おのれがおのれの他者として肯定する教会世界に比して遜色のないものであった。しかし哲学は、それ自身の社会的組織形態をもたないため、教会世界にくらべれば無力である。哲学は、教会権力をも含むこの世の権力にたまたま保護されて命脈を保つのであり、客観的に著述という形で現われるためには社会状勢に恵まれていなければならない。しかし哲学本来の現実的なあり方は常にあらゆる人に対して開かれているし、およそ人間が生きるところには何らかの形で哲学が存在する。

教会は万人のための存在であるが、哲学は個々人のための存在である。教会はこの世の人間大衆の、目に見える権力組織である。これに対して哲学は、排除したり受容したりするこの世の法廷なしにあらゆる民族と世代とを貫いて相互に結びあっている精神の王国を表現するものである。

教会が永遠なるものに結ばれているかぎり、その外的権力は同時に魂の最も深い内面からの充実をもそなえている。しかしこの永遠なるものをこの世でのおのれの権力に奉仕せしめるようになればなるほど、教会権力はそれだけぶっそうなものとなり、あらゆる他の権力と同様に悪しきものに転じるのである。

他方、哲学は、永遠の真理に触れるかぎり、暴力を伴わずに人を鼓舞し、最も内的な根源にもとづく秩序を魂に提供する。しかし哲学は、おのれの真理をその時代の権力に奉仕させるようになればなるほど、現実生活の利害を考える自己欺瞞と魂の無政府状態とに導いてゆく。また哲学は、最終的に科学以上のものであろうとしなくなればなるほど、科学でも哲学でもないひとつのざれごととなり空疎なものになってゆく。

独立の哲学は、何びとにもおのずから与えられているというものではない。だれもが生まれつき哲学するようにできているというわけではない。哲学は、常に新たに獲得されねばならないものであり、自分自身の根源から哲学を見てとる人のみが哲学を捉えることができるのである。まだおぼろげなものではあっても哲学を見てとる最初の視線があれば、個人の心に哲学の火が点じられうる。哲学による心の点火に続いて哲学の研究がなされることになる。

この研究には三つの仕方がある。すなわちそれは、実践的には内的行動という形で毎日なされ、客観的にはもろもろの学問や範疇や方法や体系的なものを研究することをつうじてその内実を経験するという仕方でなされ、歴史的には哲学の伝統をおのれのものにすることによってなされる。哲学する者にとって教会での権威にあたるものは、哲学の歴史のなかから彼に語りかけてくる現実である。

哲学の現象形態の多様性

自分が現在哲学するということに関心をもって哲学史に向かってゆく場合、われわれの視野をどれほど広くしても広くしすぎるということにはなりえない。

哲学の現象形態はきわめて多様である。ウパニシャッドの哲学は、インドの村落や森で、世間を離れて一人きりで、あるいは師弟の親密な共同生活のなかで思索されたものだし、カウティリヤは一王国を創始した宰相としておのれの思索を進め、孔子は、おのれの民衆のために教養と真の政治的現実を回復しようとする教師として思索した。またプラトンは貴族として、つまり、生まれつきなすべく定められているおのれの国家的活動を道徳的放縦ゆえに果たしえないかにみえた貴族として思索したし、ブルーノとデカルトとスピノザは、孤独な思索によって一人で真理のヴェールをはがそうとする独立の人間として、アンセルムスは教会的＝貴族的な現実体制の共同創始者として、トマスは教会の成員として思索した。さらに、枢機卿ニコラウス・クザーヌスは教会的生活と哲学的生活とを統一しながら思索したし、マキアヴェリは政治家として挫折しながら、カントとヘーゲルとシェリングは教育活動と関連をもった教授として思索していった。

われわれは、哲学することがそれ自体としてかつ本質的に大学教授の仕事であるとする考え方から解放されねばならない。それは、あらゆる条件下と境遇にある人間のなすべきことなのであり、支配者のなすべきことであるのと同様に奴隷のなすべきことでもある。われわれは、真実なるものの歴史的な現象を、それが生じた場所であるこの世界やそれを思考した人間の運命と関連づけることによってはじめて理解することができる。そうした真理の現象が現代の真理とかけはなれた無縁なものである場合には、まさにそのことによって、それらの現象はわれわれを啓発するものとなる。哲学思想と思想家はその具体的な現実の姿において探究されねばならない。真実であるものは、現実から抽象された空虚さのなかでそれ自身に支えられつつひとり遊離して浮動しているのではない。

哲学史とのふれあいは、ある著作が生まれた世界とともにその著作をも徹底的に研究しつつできるだけ密接に哲学史に関与するところで確保される。

しかしこうした接触の場面からさらにわれわれは、分節された哲学的思考の歴史的全体が眼前に示されるような光景を求めてゆく。そうした全体についてはもちろん疑問はあるのだが、広い空間のなかに自分を位置づけてゆく導きの糸としてそのような光景を求めるのである。

哲学史の全体の概観

二千五百年にわたる哲学史の全体は、人間がおのれを自覚してゆくかけがえない偉大な瞬間のように思われる。だがこの瞬間は、同時に無限の議論の時でもあり、そこには相互にぶつかり合う諸力や解決不能にみえる問題が現われており、また高級な著作や逸脱したものとか、深遠な真理や誤謬の渦といったものが現われている。

哲学史の知識をもっている場合、われわれは、もろもろの哲学思想がそのしかるべき歴史的な場所を占めうるようなある枠をもった図式を立てようとする。哲学の世界史を構想することによってのみ、まったく異なる社会的＝政治的状態と個人的状況のなかで哲学がどのように現われてきたかを示すことができるのである。

たがいに独立した思想の発展が中国とインドと西洋で生じている。たまに結びつくことはあったが、キリスト生誕のころまでのこの三つの世界のあいだの分離はきわめて徹底したものであり、そのため、それらの世界は本質的にはおのおのそれ自身によって理解されねばならないほどである。インドで発生した仏教の中国への影響が、キリスト教の西ヨーロッパ世界への影響と同様にきわめて強い影響として生じたのは、後世になってのことである。

これら三つの世界における発展は、類似した曲線を描いている。史学的には解明しがたい先史時代のあとの枢軸時代（紀元前八〇〇〜二〇〇年）に、これらのいずれの地域においても根本的思想が発生した。次いで、ある種の解消と偉大な救済宗教の固定化とが生じ、いくたびも繰り返される革新がそれに続き、さらには、組織的構想による総括的な体系（スコラ哲学）および、高度の形而上学的意義をもつ徹底した論理的思弁があとに続く。

三つの歴史的発展はこのように同時的な類型的分節化をとげたが、西洋における分節化には特殊性があった。それは第一に、精神的な危機と発展との過程において他の地域よりもはるかに強力な自己革新的運動が存在したことによるものであり、第二には、思想を表現する言語と民族とが多様であったことによるものであり、第三には、科学が西洋でのみ発展したことによるものである。

西洋哲学は、歴史的に連続しあっている次の四つの領域に分けられる。

第一の領域はギリシア哲学である。それは、ミュトスからロゴスへという道を歩み、西洋における根本的諸概念や範疇を創造し、また存在と世界と人間との全体を思考するうえでの可能な基本的立場を創始した。われわれにとってのギリシア哲学は、いまもって、単純なものの類型学の王国であり、われわれは、この類型学をおのれのものとすることによって明晰さを保持しなければならない。

第二の領域はキリスト教中世哲学である。それは、聖書宗教からその思想的理解へという道を、したがって啓示から神学へという道を歩むものである。そこで生じたものは、保守的で教育を主旨とするスコラ哲学だけではない。創造的思想家たち、とくにパウロとアウグスティヌスとルターにあっては、宗教的であることと哲学的であることとが根源的に一体となっているような世界が出現したのである。こうした中世哲学はわれわれにとって、その広範な思想領域をもつキリスト教の秘密をいまなお生き生きと保持してくれるものなのである。

第三の領域は近代ヨーロッパ哲学である。それは近代自然科学とともに、また、何らかの権威に対する人間の新しい人格的独立とともに成立したものである。一方ではケプラーとガリレイが、他方ではブルーノとスピノザが、この新しい行き方を代表する者であった。われわれにとってこの哲学には、本来の科学の意義――最初から倒錯されたものでもあった科学の意義――と魂の人格的自由の意義とがそこにおいて確認されるという意味合いが残されている。

第四の領域はドイツ観念論の哲学である。レッシングとカントからヘーゲルとシェリングに至るまで、深遠な瞑想という点では西洋においてそれまで思索されてきた一切のものをおそらく凌駕すると思われる、思想家たちの思索の道が歩まれる。こうした哲学者たちは、国家や社会という大規模な現実を背景とするわけではないが私的な現実生活では庇護され、歴史と宇宙との全体によって充実され、思想の思弁的な技巧と人間の内実についてのヴィジョンとを豊かに保ちつつ、現実の世界には関与しないにもかかわらずそれを包みこんで、その偉大な作品を作りあげたのであった。そして、この哲学なくしては見失われると思われるような可能な深さと広さとをこの哲学のなかで獲得してゆくということが、現在のわれわれに残された課題なのである。

十七世紀およびそれ以降に至るまで、西洋の思索はすべて古代ギリシアと聖書とアウグスティヌスに導かれていたが、そうした事態は、十八世紀以降徐々に解消されてゆく。すなわち、歴史に頼らずに自分の理性のみを根拠とすることができると信じられるようになるのである。伝統的思考が有効な力をもつものとしては消滅する一方、哲学史について教えられる歴史的な知識は、きわめて狭い範囲に局限されてはいたが増大した。今日では、過去のいかなる時代にもまして、伝統的思考のすべてを容易に学び知り出版物や百科辞書によって意のままにすることができるようになっている。

二十世紀になると、散漫な技術的知識や能力が増大したため、また、科学への迷信とかこの世における欺瞞的な目標とか受動的な思慮のなさといったことが生じたため、数千年にわたるあの思想的な基礎が忘却されるという過程がおし進められた。

すでに十九世紀の中頃になると終末の意識が生じ、哲学はいまなおいかなる意味で可能なのかという疑問が現われてくる。西洋諸国では近代哲学が継承され、ドイツには偉大な過去の遺産を培ってきた大学教授の哲学があったが、そうしたものも、千年間の哲学の現象形態の終焉という事態を糊塗することはできなかった。

画期的な哲学者として登場したのがキルケゴールとニーチェであった。彼らは、以前には存在しなかった型の人物であって、明らかに現代の危機に結びついて出現した人々である。この両者と精神的にはずっと隔たっているが、大衆への影響という点では何びとにもまさっているマルクスもまた、画期的な哲学者である。

かくして現代では、最も深い根源に到達するために一切のものを疑い、技術の時代によってすっかり変わってしまった世界にあって実存や無制約的なものや現前しているものを自由に洞察する視線を獲得するために一切のものを振り払うような、徹底した思索がなされうるようになる。

哲学史の構造

哲学史の全体を概観して右のような展望を構想することができるが、この展望は表面的なものであり、もっと深い全体の関連を感得することが望まれる。そこで、たとえば次のような問いを立ててみよう。

哲学史の統一に対する問い

第一の問いは、哲学史の統一を問題とする問いである。この統一は事実ではなく理念である。われわれはこの統一を求めるが、しかしいくつかの特殊な統一にしか到達できない。

たとえば個別的な問題展開（たとえば身心関係に関する問題）において統一が見られるが、しかし歴史的な事実は、時間的には部分的にしか、思考による首尾一貫せる統一的構成とは一致しない。また、一連の体系の統一を示すこともできるのであり、たとえば、ヘーゲルがそう見たように、ドイツ哲学を、さらにはすべての哲学をヘーゲルを頂点とする方向に向けて構成することもできるのである。しかしこうした構成は暴力ずくの構成であって、過去の哲学思惟のうちヘーゲル的思惟からすれば死滅すべきだとみなされるもの、つまりはヘーゲル的思惟にとっては存在しないとみなされるものには注意を払わず、別の思惟からみればまさに本質的であったものを排除してしまう。有意義な一貫性をもったもろもろの立場の系列として哲学史を構成しても、それは歴史的事実とは一致しないのである。

哲学史の統一を構想するどのような枠組みも、個々の哲学者の独創性によって粉砕されてしまう。明白な思想的関連に事実上結びつきをもっている場合でも、やはり、あらゆる偉大な思想にそなわっている、比較を絶したものが存在する。そうした比較を絶したものは、奇蹟と同様に、把握可能な発展というものに対立して現存する。

哲学史の統一という理念は、永遠の哲学――その機関と形成物やその衣裳と道具といったものを、そのなかで関連しあった生命として創造しはするが、そうしたものに解消してしまうことのない永遠の哲学――を言い当てようとするものだと言うことができよう。

発端とその意味に対する問い

第二の問いは、哲学の発端とその意味に対する問いである。発端とは、時間のなかで或るとき思惟が始められるということであり、根源とは、常に根底に横たわっている真実のものである。

われわれは、思想のもろもろの誤解や倒錯からそのつどこの根源に立ち戻らねばならない。ところが、豊かな内容をもつ伝統的原典を導きの糸としておのれの根源的な哲学思惟に到達しようとする途上でこの根源が探求される代わりに、この根源が時間上の発端のうちに見いだされるとする思い違いが生じて、たとえば、ソクラテス以前の最初の哲学者たちとか原始キリスト教とか原始仏教にこの根源が見いだされるということがある。つまり、根源に至るための必然的な道として、発端を発見してゆく道という形式が誤ってとり入れられるのである。

われわれがいまなお手に入れることのできる哲学のいくつかの発端は、たしかに強い魅力をもっている。しかし絶対的な発端というものは実際上見いだせない。われわれの伝統からみて発端であるものはひとつの相対的発端であって、それ自身、常にもろもろの前提から生じた帰結にほかならない。

それゆえ、真正な伝統的原典のなかに現存しているものを頼りにするということが、歴史的な叙述の原則である。歴史的直観に許されるのは、保存されているものに沈潜してゆくということだけである。失われたものを補ったり自分に先立っていることを構成したり歴史の間隙を埋めたりしようとするのは、無益な努力である。

発展と進歩に対する問い

第三の問いは、哲学における発展と進歩ということに対する問いである。哲学史においては、たとえばソクラテスからプラトンとアリストテレスに至る道程とか、カントからヘーゲルに、ロックからヒュームに至る道程といった一連の思想形態を認めることができる。しかしこの場合、のちの人物がそれぞれ先人の真理を保持しそれを踏みこえたと考えられているのであれば、そうした系列そのものがすでに誤謬なのである。そのように関連しあった一連の世代にあっても、それぞれの新たなものをそれに先行したものから理解することはできないのである。先行したものに含まれていた本質的なものが見捨てられ、おそらくは理解もされていないということが、しばしばあるのである。

しばらくのあいだ続いていて、個々の思想家がおのれの言葉をそこに語り入れるような、精神的交流の世界というものが存在しており、たとえば、ギリシア哲学とかスコラ哲学とか一七六〇年から一八四〇年までの「ドイツの哲学運動」といったものがそれである。また、根源的に思惟するはたらきが生き生きと関連しあうような世代が存在する。さらには、哲学が教養現象として存続するような別の世代とか、哲学がほとんど消滅したようにみえる世代もまた存在するのである。

進歩の過程としての哲学の全体的展開という光景を描くのは誤りである。哲学史は、その最高の作品が置きかえられぬもの一回きりのものであるという点では、芸術の歴史に似ている。またそれは、増加してゆく範疇や方法がその道具としていっそう意識的に使用されるという点では科学史に似ている。さらにまた哲学史は、思想的にそこで言い表わされる根源的な信仰態度からのひとつの帰結であるという点では宗教史に似ている。

哲学史にも創造的な時代はある。しかし哲学は常に、人間の本質的特徴をなすものである。ほかの精神史の場合とは異なり、堕落していると思われている時代に突如として第一級の哲学者が出現することがある。三世紀のプロティノスや九世紀のスコトゥス・エリウゲナは、孤立した人物であり、一回きりの絶頂である。この両者は、思想の素材という点では伝統と関連をもち、個別的な思想という点ではおそらく伝統に依存しているとみられるが、しかし全体としては、偉大な新しい思惟の根本的規定を提示している。

それゆえ哲学にあっては、その本質に関しては、哲学はおしまいだと言うことは許されない。いかなる破局にあっても、哲学はおそらく個々人の事実上の思考という形で常に存続するであろうし、他の点では精神的な実りをもたぬ時代に生じたただ一つの著作という形においても、計量をこえた仕方で存続するであろう。宗教と同様に、哲学はいかなる時代にも存在するものである。

あらゆる偉大な哲学はそれ自身において完結しており、歴史的により包括的な真理との関連なしに全体的かつ独立的に命脈を保つのであるが、この理由によってもまた、発展という見地は哲学史にとっては非本質的なものであるにすぎない。科学は、その一歩一歩があとの一歩によってのりこえられるような道を歩んでゆく。これに対して哲学は、その意義からして、それぞれの個々人において全体とならねばならない。それゆえ、哲学者をある発展途上における一歩として、またその前段階として、その発展に従属させるのは背理なことなのである。

位階秩序に対する問い

第四の問いは、哲学の位階秩序に対する問いである。哲学することにおいては、個々の思想家や典型的な時代観のうちにある位階秩序が意識される。哲学史は、同一の正しさをもつ無数の著作や思想家による平均化された領域ではない。そこには、わずかな人だけが手に入れることのできるような意義連関がある。またそこには、あらゆるものよりもすぐれた頂点があり、星の大群のなかの太陽のようなものがある。しかしそうした頂点や太陽は、万人に通用する最終的な位階秩序として存立するといったあり方で存在しているのではない。

ある世代に万人が考えることとその時代に創造された哲学的著作の内実とのあいだには、大きな隔たりがある。万人の悟性によって自明とみなされるものは、偉大な哲学的著作の無限に解釈可能なものと同様に、哲学と言い表わされる。制約された見方で見られた世界に満足するというその制約された見方のもつ安息も、広いところへおし進もうとする衝迫も、さらには限界で問いを発しつつたたずむことも、すべて哲学と呼ばれうるのである。

哲学的思考にとっての哲学史の意義

われわれは、哲学の歴史を宗教的伝統の権威に類比すべきものと名づけておいた。たしかに、哲学的思考には、宗教にあるような規範となる書物はなく、単純に従わるべき権威もなく、いまここにある真理の窮極性といったものも存在しない。しかし、汲みつくせぬ真理の宝庫ともいうべき哲学的思考の歴史的伝統の全体は、現在の哲学的思考のための道を示してくれるものなのである。この伝統をなすものは、すでに思惟された真理の、けっして止むことのない期待をもって見てとられた深みであり、また解明しがたい少数の偉大な著作の存在であり、畏敬をもって受容されている過去の大思想家の現実の姿である。

哲学の伝統というこの権威の本質は、ひとがこの権威に一義的に服従するのではないという点にある。われわれの課題は、自分で確認しながらこの権威をつうじて自己自身に到達すること、この権威の根源のなかに自分固有の根源を再発見することなのである。

現在哲学してゆく場合のわれわれの真剣さにもとづいてのみ、歴史的に現われてくる永遠の哲学とのある種の触れあいに成功することができる。永遠の哲学のこの現われは、われわれが共通の現代にあって深いところで結びあうための手段となる。

したがって哲学の歴史学的研究は、対象に対する近さと遠さのいろいろな段階でなされることになる。良心的に哲学する者には、原典で研究する場合に自分がそのつど何にかかわるべきかということが知られる。前景をなすものは、明晰にされよく理解された知として確実に所有されねばならない。しかし、歴史学的な哲学探求の意義と頂点とをなすものは、根源における理解が達成される瞬間である。そこでは、すべての前景研究にはじめて意義を与えるとともにそれらを統一づけるようなものが、きらめいてくる。哲学的根源というこの核心がなければ、哲学の歴史というものはすべて、結局は一連の誤謬と好奇心の報告に終わることになる。

こうして歴史は、われわれを覚醒させたあとでは、われわれ自身のあり方をうつし出す鏡となる。そこでは、私が自ら思考していることが具体的な姿をとって直観されるのである。

哲学史――私が思惟する際にそこで呼吸する空間――には、私自身の探求にとって典型となるものが、模倣を許さぬ完全な姿で示されている。哲学史においては、そこで試みられて達成されたり挫折したりしたことをつうじて問いが立てられる。また哲学史は、おのれの道を進みながら無制約的である単独の人間存在がそこに見られることによって、われわれを勇気づけるものなのである。

ある過去の哲学をわれわれの哲学として受けとるということ、このことは、昔の芸術作品をもういちど作り出すことと同様に、ほとんど不可能なことである。そこでは欺瞞的な模写がなされうるにすぎない。われわれは、聖書を読む敬虔な人とは異なり、絶対的な真理を含んだひとつの原典をもっているわけではない。

それゆえにこそわれわれは、もろもろの古い芸術作品を愛するのと同様に、もろもろの古い原典を愛し、ひとつの原典の真理に沈潜するとともに別の原典の真理にも沈潜して、それらの原典をつかみとろうとするのである。しかしそこには、ある種のへだたりが、つまり、何か到達しがたいものとか、われわれがそれでもって生きているのにやはり汲みつくせない何ものかが残るのであり、そしてまた結局そこには、現在のわれわれが哲学するための踏み切り板を獲得させてくれるような何ものかが残るのである。

というのは、哲学することの意義は現在性という点にあるからである。われわれにはただ一つの現実、いまここでの現実があるだけである。回避することによってなおざりにしたものはけっして二度とはもどってこない。しかし自分を浪費する場合にもまた存在は見失われる。毎日毎日が高価なのであって、この一瞬が一切でありうるのである。

過去のことや未来のことに耽ってばかりいる場合には、われわれは自分の課題に負い目をもつことになる。現在の現実を通ずることによってのみ、時間を超越したものが手に入れられるのであり、時間を捉えることによってのみ、一切の時間が消滅するようなところに到達できるのである。

付　録——哲学を学ぶひとのために〔大沢啓徳 訳〕

私の大部の哲学的主著は次の二つである——
1.『哲学』(*Philosophie*, 1932.)
2.『真理について』(*Von der Wahrheit*, 1947.)

このラジオ講演〔本書〕の内容をより詳細に展開した小著——
1.『哲学的信仰』(*Der philosophische Glaube*, 1948.)
2.『理性と実存』(*Vernunft und Existenz*, 1935.)

現代における哲学の理解のために——
1.『現代における精神的状況』(*Die geistige Situation der Zeit*, 1931.)
2.『歴史の根源と目標』(*Vom Ursprung und Ziel der Geschichte*, 1949.)
3.『原子爆弾と人間の未来』(*Die Atombombe und die Zukunft des Menschen*, 1958.)

諸々の哲学者に対する私の解釈として——
1.『デカルトと哲学』(*Descartes und die Philosophie*, 1937.)
2.『ニーチェ』(*Nietzsche*, 1936.)
3.『ニーチェとキリスト教』(*Nietzsche und das Christentum*, 1946.)
4.『マックス・ウェーバー』(*Max Weber*, 1932.)
5.『偉大な哲学者たち』(*Die großen Philosophen*, 1957.)

具体的な科学の形態のなかにどのように哲学が生じうるかを示した私の著作——
1.『精神病理学総論』(*Allgemeine Psychopathologie*, 1913.)

2.『ストリンドベリとヴァン・ゴッホ』(*Strindberg und van Gogh*, 1922.)

哲学が人間としての人間に関わるものであるならば、それは〔哲学の専門家だけではなく〕一般的にも理解される必要がある。哲学においては、哲学的体系性の難解な展開ではなく、いくつかの根本思想が簡潔に伝達されるべきだろう。私が本書で求めたのは、哲学についての何か——すべてのひとに関係する何か——を読者に感じ取らせることだった。しかし私は本質的なものを手放さないように努めた。もっともそのような試みは、それ自体として難しいものであった。本書ではただ諸々の端緒、ならびに哲学的思惟がもつ諸可能性から切り取った小片だけを問題となしえたにすぎない。多くの偉大な思想は、決して端緒で触れられはしない。読者自らの内省へと促すこと、それが本書の目標であった。

以下、自らの哲学的内省にさいして手引きを求める読者に対し、その研究をさらに導く方向づけを与えることにする。

一　哲学の研究について

哲学することにおいては、現実の生活のなかで顕わになる無制約的なもの、本来的なものが問題になる。人間としての人間はみな哲学するのである。

しかしながら、「人間はみな哲学する」という意味を思想的な文脈で把握することは、決して容易ではない。体系的な哲学的思惟は研究を要請する。この研究には次の三つの道程が含まれる。

(1) 科学的研究への参与

科学的研究は、自然科学と文献学のうちに二つの根を下ろし、そこからそれぞれの専門分野において一望しがたい多様性へと分岐している。諸科学における、諸科学の方法における、あるいは諸科学の批判的思惟における経験をとおして、科学的な態度というものが獲得される。この科学的態度が、哲学するさいの誠実さのための不可欠な前提である。

（2）偉大な哲学者たちの研究

哲学史を辿ることなくして、哲学への道を見出すことはできない。この道は、喩えるならば、各人が偉大な原典という幹に蔓のように巻きつき上昇していくことである。だがこの上昇が成功するのは、ただそこに現前する者の根源的衝動にもとづく場合、ただ研究において呼び覚まされる自らの哲学することにもとづく場合に限られている。

（3）日々の良心的な生活態度

それは重大な決意にあたっての真面目さであり、私の過去の行為や経験を引き受けることである。


この三つの道程の一つでもおろそかにするひとは、明晰で真実な哲学することには至らない。それゆえにあらゆるひと——とくに若いひと——にとって問題となるのは、どのような姿勢でこれらの道程を歩んでいったらよいのか、ということである。というのも、自分ではその途上で可能なものをただ部分的に把握しうるにすぎないからである。以下の問いが提示される。

「私はどの科学分野を専門にし、根本から知ることを試みたらよいのか。」

「私は偉大な哲学者の誰を、ただ読むだけにとどまらず、究めていったらよいのか。」

「私はどう生きたらよいのか。」


答えは、各人がただ独力で見出すしかない。答えは単純に或る内容に固定化されてはならず、最終決定的に規定されてもならず、また表面的であってもならない。とくに若い人々は、まだ可能性と試みの状態に自分を保っておく必要がある。

かくして以下のことが重要である——はっきりとつかむこと、しかし囚われず、吟味し修正していくこと。それらのことが偶然に、思いつきでなされるのではなく、重みをもってなされること。あらゆる試みが消えずに自らのうちで作用しつづけるとき、そして最終的になんらかの形をもつに至るとき、そのような重みが生じてくる。

二　哲学的な読書について

読書するとき、私は第一に著者の意図を理解しようとする。しかし意図されたことを理解するためには、言葉だけではなく、ことがらについても理解する必要がある。それは専門的知識に左右される。哲学研究の過程で、以下のような本質的、根本的現象が発生する——われわれはテキスト理解をふまえて、まず専門的知識の獲得を求める。それゆえにわれわれはことがらそのものについて思惟すると同時に、著者の意図についても考えねばならない。どちらか一方を欠いた読書は実を結ばない。

テキストを研究しつつ自らことがらについて思惟することにより、理解していくなかで意図的ではないテキストの改変が生じてくる。かくして正しい理解のためには以下の二点、ことがらに沈潜することと、著者が意図した意味の明晰な理解へ回帰することとが必要不可欠である。第一の道においては哲学が獲得され、第二の道においては歴史学的洞察が獲得される。

読書するさいになによりも必要とされるのは、著者を信頼しまた著者が捉えたことがらに共感することで、とりあえず一度はテキストの全叙述を真実とみなして通読する根本態度である。私がその世界に完全に引き込まれ、その場に立ち会い、そしてことがらの核心からいわば再浮上したあとではじめて、有意義な批判に着手できるのである。

いかなる意味でわれわれは哲学史を研究し過去の哲学をわがものとするのか、それはカント《ヽヽヽ》の三つの要請《ヽヽヽヽヽヽ》を手引きに論じられよう――自ら思惟すること、それぞれの他者の立場になって思惟すること、自分自身から離れないで思惟すること。この三つの要請は終わりなき課題である。あたかもひとがすでに所有し実行可能とするような、先取りされた解決はすべて欺瞞である。われわれはいつでも解決への途上に在る。その途上で歴史が手を差し伸べてくれる。

自分自身で思惟すること――それは虚空からは生まれない。われわれが自ら思惟するものは、実際にわれわれに提示される必要がある。伝承という権威は、歴史学的に与えられた哲学的思考がもつ始原や完結性のうちで諸根源に触れさせることで、以前から確信されてきたそれら諸根源をわれわれの内部に呼び覚ます。それから先の研究はすべてこの信頼を前提とする。この信頼がなければ、われわれがプラトン研究やカント研究の労苦を担うことはないだろう。

自ら哲学することとは、歴史的人物にいわば蔓のように我が身を絡ませ成長していくことである。彼らのテキストを理解していくなかで、われわれ自身が哲学者になる。しかしこのわがものとすることは信頼しつつ随従することであって、追従ではない。ともに歩むことで、われわれは自らの本質を吟味する。ここで「随従」といわれるのは、導きに身を任すこと、まず一度はそれを真実とみなすことを意味する。われわれはいつでも一本調子で批判的反省をはたらかせて異議を唱えるべきではないし、また批判的反省のゆえに、導きのもとでの現実の自分の歩みを停滞させるべきではない。さらに「随従」は尊敬の念を意味する。それは安易に批判を下すことを自らに許さず、自分なりに包括的な研究を重ねてことがらに一歩ずつ近づき、ことがらから立ち現れてくる批判だけを自らに許可する。自ら思惟することにより自らの確信となりえたものだけが真理と認められるような境地が、「随従」の限界点である。いかなる哲学者も、それがもっとも偉大な哲学者であろうとも、真理を所有してはいない——私はプラトンの友であるが、それ以上に真理の友である(Amicus Plato, magis amica veritas.)(1)。

それぞれの他者の立場になって思惟すること——ただそのように絶え間なく努力することによってのみ、われわれは、自らの思惟のうちで真理に到達する。何が人間に可能であるかを知っておく必要がある。自分と相容れない思惟を拒む場合であっても、他者の思惟を真摯に思惟することを試みることで、ひとは自らの真理の可能性を拡げる。自分とは異なる思惟に自らを置き換えるときにのみ、ひとはその思惟をよく知るのである。疎遠なものや異質なもの、極端なものや例外的なもの、尋常ではないものさえも、われわれを引き寄せる。それは根源的なものが省かれたり、われわれが盲目になったりまた見落したりすることによって、われわれが真理を放逸しないためである。それゆえに哲学する者は、最初に選択した哲学者に取り組みそれを自らの哲学者として完全に余すところなく研究するだけではなく、過去の出来事や思惟されたことがらを経験するために、包括的な哲学史に取り組むのである。

歴史に取り組むと、多様で統合されないものへ意識が分散する。いつでも**自分自身から離れないで思惟すること**——この要請は、多彩さに目を奪われて観察に多くの時間を費やし、好奇心や面白みを満たそうとする誘惑から身を護る。歴史的に受容されたものは刺激となるべきものである。それはわれわれに注意を喚起しわれわれを目覚めさせるか、もしくはわれわれに疑問を抱かせる。物事を相互に無関心に経過させてはならない。いまだ歴史のなかで事実として相互に交流関係をもたないものは、われわれによって相互に擦り合わされる必要がある。もっとも異質なものどうしが、相互の関係を獲得せねばならない。

(1)アリストテレスに帰せられる格言。それを踏まえてたとえばニュートンは「私はプラトンの友であり、アリストテレスの友であるが、それ以上に真理の友である」と述べている。

理解者であるこの一人の私に受容されることにより、すべてが一つになる。自分自身から離れないということは、隔てられたもの、対立するもの、互いに触れ合わないものを〔自分という〕一なるものに関係づけることによって、自らの思惟を保持することを意味する。包括的な歴史は、有意義にわがものとされたならば、いつでも開かれた統一となる。哲学史の統一という理念は、現実においては絶えず挫折しつつも、わがものとすることのなかで促進される。

三　哲学史の叙述

叙述の目標は多種多様である。すべての伝承の収集。既存のテキストについての、哲学者の伝記的資料についての、社会学的事実についての、知己の間での実際的なつながりについての、諸々の討議についての、証明可能な発展・展開についての、その足取りの把握についての、簡潔な報告。つづいて著作内容の要約的な再現や、内側で作用している動機・体系性・方法の構築。

それから個々の哲学者や時代全体がもつ精神ないし原理の特徴づけ。最後に総体的な哲学の世界史に至るまでの、歴史学的全体像の解釈。

哲学史の叙述は、哲学的洞察ならびに自らともに哲学することを必要とする。もっとも真実な歴史学的解釈は、必然的に、自ら哲学することでもある。

ヘーゲルは、包括的な拡がりのなかではじめて意識的に全哲学史を哲学的にわがものとした哲学者である。このような意味のゆえに、ヘーゲルの哲学史は、今日まで、もっとも雄大な達成である。しかしこの哲学史の手法はまた、独自のヘーゲル的原理による深甚な解釈であると同時に、致命的でもある。過去の全哲学がヘーゲル的な光のなかで瞬間的に、いわば眩しいスポットライトを浴びて輝き出る。しかしその後、突如として、ヘーゲル的思惟が過去のすべての哲学者からその心臓を切り取り、残りは遺体として歴史の巨大な墓場に葬っていることに気づかされる。ヘーゲルは、自分は見切ったと確信することで、すべての過去を完結させる。ヘーゲルの理解しつつ潜入する手法は、囚われのない開示ではなく全滅作戦であり、問いつづけることではなく奴隷化する征服であり、共存ではなく支配である。

いつでも複数の歴史叙述を併読することをお薦めする。それにより、誤って自明とされた解釈に陥る危険から、あらかじめ身を護るためである。ただ一つの歴史叙述しか読まないひとは、欲せずして、その叙述の図式を強要されている。

さらには、叙述を読むにあたっては、そこで参照された原典を少なくとも部分的に試し読みすることをお薦めする。

最後に、諸文献の位置を見定める参照資料として哲学史を、何よりもユーバーヴェークの著作を利用されたい。参照には事典が便利である。

大事典

ノアク『歴史的・伝記的哲学事典』(Ludwig Noack, *Historisch-biographisches Handwörterbuch der Philosophie*, Leibzig, 1879.)

アイスラー『哲学事典』(Rudolf Eisler, *Handwörterbuch der Philosophie*, Berlin, 1913.)

ツィーゲンフス『哲学者事典』(*Philosophenlexikon von Werner Ziegenfuß*, Berlin, 1949.)

ラランド『哲学用語辞典』(André Lalande, *Vocabulaire technique et critique de la philosophie*, Paris, 1928.)

小事典

キルヒナー『哲学基礎概念事典』(*Kirchners Wörterbuch der philosophischen Grundbegriffe*, bearbeitet von Michaelis, Leibzig, 1907. Neubearbeitung und Umgestaltung von Johannes Hoffmeister, Leibzig, 1944.)

シュミット『哲学事典』(Heinrich Schmidt, *Philosophisches Wörterbuch*, 9. Auflage, Leibzig, 1934. Kröners Taschenausgabe.)

ブルッガー『哲学事典』(Walter Brugger S. J., *Philosophisches Wörterbuch*, Freiburg, 1947.)

メツケ『哲学事典』(Erwin Metzke, *Handlexikon der Philosophie*, Heidelberg, 1948.)

リューンズ『哲学事典』(Dagobert D. Runes, *The Dictionary of Philosophy*, 4. Edition, New York, 1942.)

次に——歴史を学ぶ者のためにもまたテキストについて知るためにも——人物リストだけ掲げておく。それぞれの版・翻訳・解説には、また個々の著作のタイトルや内容については、文献的な補助手段を利用されたい。先述の事典のほかには、何よりもユーバーヴェークとフォーアレンダーの歴史的著作が有益である(西洋哲学の既存のテキストすべて、それぞれの版・解説・翻訳についての情報は、ユーバーヴェークに見つけられる。フォーアレンダーはより簡潔で利用しやすいように取捨選択がなされている)。

哲学史の叙述に関するリスト(2)

I　西洋哲学

ユーバーヴェーク (Friedlich Überweg)——必須の参照文献。『哲学史綱要——タレスから現在まで』(*Grundriß der Geschichte der Philosophie von Thales bis auf die Gegenwart.* 3Teile, 1882-1886.)

---

(2) ここでヤスパースは重要な哲学史家の名前とその特徴を述べている。著作名は訳者による補足。

フォーアレンダー(Karl Vorländer)——初学者向けの情報。『哲学史』(*Geschichte der Philosophie*, 1903.)

エーアトマン(J. E. Erdmann)——基本はヘーゲル的な構成であるが、個々の部分でことがらに即した優れた分析がある。『哲学史綱要』(*Grundriß der Geschichte der Philosophie*, 1840.)

ヴィンデルバント(Wilhelm Windelband)——華麗に展望するが、十九世紀的な流れるようなスタイルで深みを欠く。『哲学史教本』(*Lehrbuch der Geschichte der Philosophie*, 1892.)

ツェラー(Eduard Zeller)——ギリシア哲学、豊富な素材、明晰で理解しやすい、哲学的ではない。『ギリシア哲学史綱要』(*Grundriß der Geschichte der griechischen Philosophie*, 1882.)

ジルソン(E. H. Gilson)——一流の中世哲学史家。『中世哲学史』(*La philosophie au Moyen Âge*, 1922.)

II　インド・中国

①インド

ドイセン(Paul Deussen)——広範囲にわたる著作、インドのテキストからの多くの翻訳、先駆的、ショーペンハウアーの哲学に囚われている。『ヴェーダンタの体系』(*Das System des Vedânta*, 1883.)

シュトラウス(Otto Strauß)——簡潔、概観的、情報量に富む。『インド哲学』(*Indische Philosophie*, 1924.)

②中国

フォルケ(Alfred Forke)——広範囲にわたる著作、調査報告的。これまで西洋では知られていない多くの領域について言及。『中国哲学史(古代・中世・近世)』(*Geschichte der chinesischen Philosophie*. 3bd., 1927-1938.)

ハックマン(Heinrich Hackmann)——客観的な冷徹さでどちらかということがらの外側を描く。『中国哲学』(*Chinesische Philosophie*, 1927.)

ヴィルヘルム（Richard Wilhelm）——情熱的で感動させられる。『中国のこころ』(*Die Seele Chinas*, 1925.)

ツェンカー（E. V. Zenker）——コンパクトな著作、才気に溢れ、聡明である。『中国哲学史』(*Geschichte der chinesischen Philosophie.* 2bd., 1926-1927.)

四　テキスト

自分自身の研究のために、本当に重要なテキストに限定した蔵書を備えたい。そのような蔵書リストは各人の歩みによって変わってくる。それでも核となるものは、おおむね共通である。もっともそこでも強調点は異なるため、これこそ普遍妥当的とされる中心点は存在しない。

最初は一人の主要な哲学者を選択するのがよい。その哲学者が偉大な哲学者の一人であるなら、たいへん望ましいことである。しかし二流ないし三流の哲学者であっても、たまたま一流として出会われ、深い印象を受けたならば、道を見出すことも可能である。いかなる哲学者であろうと、徹底的に研究されたならば、哲学と哲学史の総体へ、一歩ずつ導いてくれる。

主要なテキストのリストには、古代哲学に関しては受け継がれてきたもの、とくに若干の保持されてきた全集が挙げられる。近世に関していえば、厖大な量のテキストがあるがゆえに、かえって若干の必須なものを選び出すのが難しい。

リストI　西洋哲学

①古代哲学

ソクラテス以前の哲学者の断片（紀元前六〇〇—四〇〇）

プラトン（紀元前四二八—三四八）

アリストテレス（紀元前三八四―三二二）
古代ストア派（紀元前三〇〇―二〇〇）の断片、それからセネカ（紀元後六五没）、エピクテトス（紀元前五〇頃―一三八頃）、マルクス・アウレリウス（在位一六一―一八一）
エピクロス（三四二頃―二七一頃）の断片、それからルクレティウス（紀元前九六頃―五五）
懐疑主義者、なかでもセクストス・エンペイリコス（紀元後一五〇頃）
キケロ（紀元前一〇六―四三）、プルタルコス（紀元前四五―一二五頃）
プロティノス（二〇五頃―二七〇）
ボエティウス（四八〇頃―五二五頃）

②キリスト教哲学

教父――アウグスティヌス（三五四―四三〇）
中世哲学――ヨハネス・スコトゥス・エリウゲナ（九世紀）、アンセルムス（一〇三三―一一〇九）、アベラール（一〇七九―一一四二）、トマス（一二二五頃―一二七四）、ヨハネス・ドゥンス・スコトゥス（一三〇八没）、マイスター・エックハルト（一二六〇頃―一三二七頃）、オッカム（一二八五頃―一三四七）、ニコラウス・クザーヌス（一四〇一―一四六四）、ルター（一四八三―一五四六）、カルヴァン（一五〇九―一五六四）

③近世哲学

十六世紀　マキャベリ、モア、パラケルスス、モンテーニュ、ブルーノ、ベーメ、ベーコン
十七世紀　デカルト、ホッブズ、スピノザ、ライプニッツ、パスカル
十八世紀　イギリスにおける啓蒙――ロック、ヒューム
　フランス・イギリスのモラリスト
　　十七世紀――ラ・ロシュフコー、ラ・ブリュイエール

十八世紀――シャフツベリー、ヴォーヴナルグ、シャンフォール
ドイツ哲学――カント、フィヒテ、ヘーゲル、シェリング
十九世紀ドイツ講壇哲学、たとえば小フィヒテ[3]、ロッツェ
十九世紀
独創的哲学者――キルケゴール、ニーチェ
現代的諸科学における哲学の営み
国家的・経済的哲学――トクヴィル、ローレンツ・フォン・シュタイン、マルクス
歴史哲学――ランケ、ブルクハルト、マックス・ウェーバー
自然哲学――カール・エルンスト・フォン・ベーア、ダーウィン
心理学的哲学――フェヒナー、フロイト

初歩的な特徴づけとして、まったく不十分ながらも、ひと通りの注釈を施したい。そうすることで私は、一人の哲学者を格付けしたり、特別視したりするつもりはまったくない。もっとも文章がそのように響いてしまうのは避けられない。私の文章を問いとして解釈していただきたい。それらはただ注意を喚起すべきものである。この特徴づけにより、哲学について詳しく知らないひとは、自分の性格によればさしあたり自分はどの方面から着手しうるのか、気づかされるだろう。

（1）古代哲学
ソクラテス以前の哲学者たちは、「始原」のうちにいるという唯一無二の魅力をもつ。事実に即して彼ら

（3）Immanuel Hermann Fichte のこと、フィヒテ (Johann Gottlieb Fichte) の息子。

を理解することは極めて困難である。あらゆる「哲学的教養」――それはわれわれの通常の思考や会話の様式に落とし込むことで彼らが経験した直接性を隠蔽してしまう――を度外視することを試みねばならない。ソクラテス以前の哲学者たちにおいては、思想は、根源的な存在経験という直観から産み出されている。そこでわれわれは、思想的照明が生起した最初の場面に立ち会うのである。二度と繰り返されることのない様式の単一性が、ソクラテス以前の偉大な思想家たちの著作を支配しており、それはただ彼らに固有のものである。断片だけが伝承されているため、ほとんどすべての解釈がただちに深読みへの誘惑に陥る。ここでは依然としてすべてが謎に満ちている。

プラトン、アリストテレス、プロティノスの著作だけが、ギリシア哲学のなかでは、ある程度まで完全に保存されているものである。この三人は、古代哲学のあらゆる研究にとって最高位にある。

プラトンは永遠の哲学的根本経験を教える。プラトンの思惟の運びは、それ以前のギリシア哲学のすべての富を摂取している。彼は動揺する世紀のなかで時間の限界に立つ。彼は何ものにも依存しない開かれた態度のうちで思惟可能なものを眺める。彼は自らの思考運動の極めて明晰な伝達を為し遂げる――その結果、哲学することの秘密も言語化されることになるが、一方でそれは秘密としてつねに現前しつづける。素材となりうるすべてがプラトンのうちで融合される。唯一本質的なものは、超越することの遂行である。プラトンは、人間が思惟によってはそれを超出できないように思われる頂点まで登り詰めた。今日に至るまでの哲学することのもっとも深い衝動は、プラトンによって始められたのである。いつの時代でもプラトンは誤解された。というのも、プラトンは教授されうる学説を与えず、つねに繰り返し新たに獲得されねばならないからである。カント研究と同様にプラトン研究においては、ひとは確固としたことがらを学習するのではなく、自らの哲学することを手に入れる。プラトンをどのように理解するのか――プラトン以降の思索者は、そこに自分自身の姿を映し出すのである。

アリストテレスからは諸範疇を学ぶ。諸範疇は、アリストテレス以来、西洋的思惟のすべてを支配している。彼とともに、あるいは彼に抗って、あるいは哲学することのこの全領面を超克して思惟するとしても、哲学することの言語（術語）を規定したのはアリストテレスである。

プロティノスは、古代哲学のすべての伝承をもちいて、幽玄な形而上学を表現した。それは独創的な情趣をもち、本来的な形而上学として以後のあらゆる時代を貫いている。神秘的な安らぎが思弁という音楽のうちで伝達可能となったのである。その音楽は古びることなく、爾来、形而上学的に思惟されたところではいつでも、何らかの旋律で、繰り返し鳴り響いている。

ストア主義者、エピクロス主義者、懐疑主義者、加えてプラトン主義者とアリストテレス主義者（新アカデメイアの門弟と逍遙学派）は、古代末期の哲学である**教養階級の一般的哲学**を創出した。キケロやプルタルコスの文章もそこに含まれる。〔彼らのあいだで〕諸々の理性的態度が相容れず、たえず敵対する論争がなされたにもかかわらず、ここには一つの共通世界が存在する。この世界に全面的に参与することで、たしかに折衷主義者が生まれはしたが、しかしこの古代の数世紀に特有の根本態度――人格の尊厳、本質的にはただ繰り返しにすぎない連続性、独特の円熟みと不毛さ、一般的に理解可能なもの――がもたらされた。ここには今日に至るまでの万人向け通俗哲学の土壌がある。最後の魅力的な人物はボエティウスである。彼の『哲学の慰め』は、その情趣、美しさ、真正さのゆえに、哲学する人間の必読書に含まれる。

つづいて教養や抽象的概念の把握、語り方や振る舞い方を担った哲学的共同体の階層は、中世の**聖職者**であり、ルネッサンス以降の**人文主義**であり、またそこから若干力が弱まってはいるものの、思弁的観念論的雰囲気をもつドイツ哲学である。ドイツ哲学はリガから(4)チューリッヒ、オランダからウィーンをまたいで、

(4)今日のラトビア共和国の首都。ヤスパースはヘルダー（一七四四―一八〇三）の存在を念頭に置いていると思われる。

一七七〇年から一八五〇年の間の教養世界を占めていたのである。このような階層を扱うことは、文化史的にも社会学的にも興味深い。偉大な哲学的創造と、思考がかくも一般化される形式との間にある隔たりをとらえることは重要である。なかでも人文主義が重要である。なぜならば、人文主義に固有の根源は、或る一つの偉大な哲学ではなくて、継承しわがものとする精神態度、囚われなく理解するという精神態度であり、人間的自由であるから。この人間的自由なしには、われわれヨーロッパ的人間の生存は不可能だろう。人文主義（それはただルネッサンスにおいて自覚されたのであり、ピコ、エラスムス、マルシリオ・フィチーノの著作は今日でも研究する価値がある）は、ギリシアの意識的な教育《パイディア》以来、そしてギリシアの影響を受けたスキピオ一族の時代においてローマ人がそれを初めて実現して以来、あらゆる時代を貫いて存続している。われわれの時代において人文主義は弱体化した。人文主義が消滅するようなことがあれば、それは想像もつかない精神的・人間的結末での破局だろう。

（2）キリスト教哲学

教父たちの中で群を抜いて偉大なのは**アウグスティヌス**である。アウグスティヌスの著作を研究すれば、キリスト教哲学の総体が獲得される。ここに示された数多の忘れがたい形式化によって、内面性が言語を獲得したのである。それは高度な反省性と情熱をもっていた古代哲学においても不足していたものである。測りがたく豊かな著作は、繰り返しが多く、しばしば修辞的な冗長さもあって、おそらく全体としては美しさを欠いているが、しかし個々の部分において深い真理がもつ完成された簡素さと力に充ちている。アウグスティヌスによる引用や討論報告などをとおして、彼の敵対者についての知識も得られる。彼の著作は今日に至るまで、魂の深みを探求するすべての思惟によって汲み取られてきた泉である。

スコトゥス・エリウゲナは、弁証法的自由を展開させて新プラトン主義的諸範疇のうちに神・自然・人間からなる存在の建築物を考案した。彼は自己意識的な世界開示という新たな情趣をもたらした。ギリシア語に精通した学者でありディオニシウス・アレオパギタ[5]の翻訳者でもある彼は、伝承された概念的素材をもちいて、独創的に作用する雄大な体系を設計した。彼は神的自然を眺め、思弁的神秘主義の新たな確立者となり、現在まで影響を及ぼしつづけている。彼は、哲学が遠ざけられていた時代の孤高の存在である。彼の著作は、哲学的信仰という生き方にもとづき上質の伝承を想起しつつわがものとする、教養ある作品である。

中世の方法的思惟の独創性は、第一に**アンセルムス**に見られる。論理的かつ法律的な思惟がもつ乾いた形式のなかで、形而上学的なものが思惟に直接的に啓示される魅惑がある。誤って強制力があるとされた思考の進展や特殊な教義的諸命題に関していえば、それはわれわれには馴染みのない異質なものである。しかしキリスト教的教義という歴史学的衣装を被せず、パルメニデスの場合と同じように、その内実を人間的一般性のうちで受容するならば、アンセルムスは信頼しうる現前的なものを啓示している。

アベラールは、内省的エネルギー、論理的に可能な諸々の道程、諸問題を論究する一道程としての弁証法的矛盾性という方法について教える。矛盾するものを極限まで対置させて問うことで、彼はスコラ的方法の確立者となった。それはトマスにおいてその頂点に達したが、しかし同時にまた、それまで素朴に担われてきたキリスト教的実体の解消という危機をもたらした。

トマスは、今日に至るまでカトリック的世界を支配する、壮大でほとんど権威的な体系を構築した。自然の王国と恩寵の王国、理性的に理解可能なものと信仰されるべき理解不可能なもの、世俗的なものと教会的なもの、論駁された諸々の異端的立場とそれらに含まれる真理の契機——こうしたものがトマスの体系のなかで一つに集約され展開される。それをひとが中世期の巨大な聖堂《ドーム》に喩えたのは、いかにも正しいことであ

(5)『ディオニシウス偽書』と呼ばれる神秘主義の精髄を示した作品の著者名。

る。トマスは、中世的思惟が産み出してきたものを統合したのである。それらはすべて、トマスの目から見れば、自分があらゆる素材を調達し秩序づけるための、そしてアリストテレスに始まり最後はアルベルトゥス・マグヌスまでもわがものとする方法のための下準備であった。トマスがアルベルトゥス・マグヌスを上回っているのは、もしかしたら、彼の思惟の明晰さや節度、簡素さだけかもしれない。この中世の完成された哲学的現実がもつ気分や世界観は、ダンテの『神曲』から知ることができる。

ドゥンス・スコトゥスと**オッカム**は、中世的思惟の完全な建築物がほぼ仕上げられたと思われる瞬間に出現した。ドゥンス・スコトゥスは、まだ正統と認められうる人物であり、彼が意志と「今・ここ」にある一度限りの個人性のうちに見出した意義深い諸難題によって興奮をもたらした。オッカムは認識の根本態度を破滅に導き、その破滅のなかに、現代的でありながら慎み深く、その権能内でよりよく把握する認識を根拠づけた。政治的にはバイエルンのルートヴィヒ公お抱えの評論家として、教会の諸要求を粉砕している。彼もまた、われわれが著作を保持するすべての中世思想家と同じく敬虔なキリスト教徒である（不信仰者、懐疑主義者、虚無主義者はおおよそただ論駁や引用によって知られるにすぎない）。オッカムの著作は、今日でさえも新しい版が存在せず、ドイツ語に訳されてもいない。それはこれまでの哲学史研究における唯一の大きな間隙かもしれない。

ニコラウス・クザーヌスは、われわれ自身のものであるかのように思われる雰囲気のなかで出会う、中世の最初の哲学者である。なるほどクザーヌスは、その信仰においては、まだ完全に中世の人間である。というのもここでは教会的信仰と、生成しつつ最終的にはあらゆる信仰をもつあらゆる民族を一つに包括するカトリック教会的世界統一に寄せる信頼とが、まだ破られていないからである。しかしクザーヌスの哲学することは、もはやトマスのように一つの体系を企図することもなければ、諸々の矛盾対立する伝承を論理的にわがものとするスコラ学的方法に励むこともない。そうではなく彼は、それが形而上学的（超越的）であろうと経験的（内在的）であろうと、まっすぐにことがらへ向かう。それゆえに彼は、独自の直観にもとづき、そのつど特別な方法で道を歩む。その直観の前には、こうした思弁のうちに新しい様式で自らを顕わにする幽玄な神の存在がある。この神性という存在のなかで、彼は世界の実在のすべてを眺めたのである。詳しくいえば、クザーヌスのもとで思弁は経験的洞察のための道のりを創出し、経験的でありまた数学的である認識が神を直観する手段となった。クザーヌスのなかには、愛しつつあらゆる実在に近づき同時にそれを踏み越える包括的な思惟がある。この世界は忌避されない。この世界は超越の光のなかで自ら輝きを放つ。ここで思惟されている形而上学は、今日でもかけがえのないものである。哲学する者にとっては、クザーヌスのなかを逍遥することは、至福の時間である。

それと異なるのが**ルター**である。彼の研究は不可欠である。たしかに彼は哲学を軽蔑し、理性を売春婦呼ばわりした神学的思想家ではあるが、しかし自らは実存的な根本思想を遂行している。その思想なしには、今日の哲学することはほとんど不可能であるといえよう。情熱的な信仰の真面目さと適応力のある聡明さ、深みと敵意を含んだ根本気分、照明しつつ核心をつかむことと粗野で口やかましいこと――こうしたものが入り交じり、研究をさながら義務のように、ひいては苦行のようにさせる。この人間から放たれる雰囲気は異質なものであり、哲学的には堕落させるものである。

カルヴァンには訓練された方法的形式、最終的帰結の壮大さ、鋼の論理、原理を固守する無制約性がある。しかし彼は、理論的にも実践的にも行為に愛がなく不寛容であり、哲学することの不気味な対極である。このような精神に世界のどこで――隠された姿や断片的な姿で――遭遇しようとも、それを見分けるために彼を直視した経験をしておくことはよいことである。彼は、それに対抗するには不寛容以外にはありえないという、あのキリスト教的不寛容の究極の具現である。

（3）近世哲学

古代・中世哲学と比較すると、近世哲学は包括的な全体をもたず、むしろ多種多様で関係性を欠いた諸々の試みに分かれている。たしかに壮大な体系構築には溢れているが、事実上の支配力を有する体系が完遂されてはいない。近世哲学は豊穣であり、具体的なことがらに充ち、果敢に思惟を試みる思弁的抽象は自由であり、たえず新しい科学に関わり、国によりイタリア語・ドイツ語・フランス語・英語というように異なる言語で記されている。例外はラテン語による著作であるが、それらはほとんどラテン語が独占していた中世的慣習にしたがうものである。

各世紀を図式的に特徴づけてみよう。

①十六世紀　十六世紀は、それぞれに違いはあるが、直接的に把握しようとする、じつに個性的な創造に充ちている。それらは今日に至るまで湧きつづける源泉である。

政治的には**マキャベリ**と**モア**が、現実の諸々の意味連関について近代的で大胆な問いを創出している。彼らの文章は歴史的な装いを帯びてはいるが、今日においても当時と同じような具体性があり興味深い。

パラケルススと**ベーメ**は、深い意味と迷信、澄んだ眼差しと無批判的な錯雑とが等しく合わさった豊かな世界へ導く。それは今日では神智学・人智学・宇宙的人間論と呼ばれているものである。直観力の強さと豊富なイメージによって、彼らは迷宮に誘う。ある部分では奇妙に合理主義的であり、またある部分では、とくにベーメにあっては、弁証法的な深い意味が燦めいていて、合理的な構造が際立っている。

モンテーニュは、純粋に自存する人間であり、この世界での実現意志をもたない。自制心や観察力、実直さと聡明さ、懐疑的な偏見のなさと実践的な状況判断――こうしたことが、現代的な形態で語られている。読み物としてはじかに読者を魅了する。哲学的にはこうした生き方にとっての完成された表現であるが、しかし同時に生気を奪うものでもある。〔この世界での実現を意志する〕飛躍を欠くならば、このような自己満足は逸脱である。

それとは対照的に、**ブルーノ**は果てしなく闘い、満たされずに燃え尽きた哲学者である。彼は諸々の限界を知り、最高のものを信じた。彼の「英雄的狂気」をめぐる対話は、情熱的な哲学の基礎文献である。

ベーコンは、近代的経験論と諸科学の祖とみなされているが、どちらも誤りである。というのもベーコンは、その活躍の初期においては本来的な近代科学――数学的自然科学――を理解せず、また彼の以後の歩みにおいても、それが現れた様子はないからである。しかしベーコンは、新奇なものに反応するルネッサンス特有の感激に満ちて、力としての知識の思想、壮大な技術的可能性の思想、あるいは実在の合理的把握のために幻想を止揚する思想に献身したのである。

②十七世紀　十七世紀の哲学は合理的な構築である。潔癖に論理を展開する巨大な諸体系が生じた。それはあたかも不純物のない空間に入ることで、直観的充溢や影響力のあるイメージ的世界が静かに消え去ったかのようである。そこには近代科学があり、それがこの世紀の哲学の規範となったのである。

デカルトは、**ホッブズ**とならんで、この新しい哲学的世界の確立者である。デカルトは科学と哲学を歪めて理解したことにより、〔以後の哲学史において〕宿命的な存在となっている。その諸々の帰結のゆえに、またことがらに近いところでの根本的誤謬のゆえに彼は今日でも研究対象となるが、しかしそれは回避されるべき道を知るためである。ホッブズは、なるほど存在の体系を企図してはいるが、その偉大さは政治的構想にある。その壮大な帰結は、ここではじめて明るみに出され、それ以来たえず意識されつづけている人間の生存の大枠を示している。

スピノザは形而上学者であり、伝承された諸概念とデカルト的諸概念をもちいて一つの哲学的信仰態度を表現している。しかしそこには独創的な形而上学的情趣があり、それは当時ではただ彼だけが身に付けていたものである。それが今日でも彼に――この世紀の人間では唯一――哲学的信徒が付き従う理由でもある。

パスカルは、科学と体系の絶対化に対する反動である。パスカルの思惟は両者を修得し、同じように理路整然としてはいるが、より優れた誠実さと深さをもっている。

ライプニッツは、アリストテレスと同じように博識であり、この世紀のどの哲学者よりも豊かな内容と発見をもち、いつでも創造的で、いつでも聡明である。しかしその形而上学においては、人間性に貫かれた根本態度という偉大な特徴を欠いている。

③十八世紀　十八世紀に入り、大衆向けの哲学的書物が広く流通しはじめた。まさに啓蒙の世紀である。

イギリスにおける啓蒙では、**ロック**がその最初の代表的人物である。彼は一六八八年の名誉革命によって生じたイギリス社会に、また政治的思考においても、精神的な基盤を与えた。**ヒューム**は卓越した解体者であり、彼を理解することはまったく退屈な作業であるにもかかわらず、今日のわれわれにとって平凡なことではない。彼の懐疑は、諸限界において理解されないものを、あえて言葉にせずに直視しようとする勇気がもつ厳しさであり実直さである。

フランスにもイギリスにも、世界と人間について熟知した人々、いわゆる「人間研究家（モラリスト）」と呼ばれる人々によって書かれた箴言的・随筆的な文章が存在する。彼らは人間について熟知することで、心理学的事象においても同じように哲学的態度を育成しようとする。十七世紀とくにその華麗なる宮廷においては**ラ・ロシュフコー**と**ラ・ブリュイエール**が、十八世紀においては**ヴォーヴナルグ**や**シャンフォール**が記述している。**シャフツベリー**は生命規則を美学的に論じた哲学者である。

偉大なるドイツ哲学は、体系的エネルギーを備え、もっとも深いもの、もっとも疎遠なものに対して開かれながら、思想的鍛錬と充実した内容をもっている。まさにそのことによってドイツ哲学は、今日に至るまで、あらゆる真面目な哲学的思惟の育成に必須の基盤である。カント、フィヒテ、ヘーゲル、シェリングの名前が挙げられる。

カント——われわれにとって重要な存在意識の歩み、超越する思惟遂行の正確さ、根本的諸次元における存在の開明、われわれの本質の不十分さから生じる道徳的意識《エートス》、広大な空間と人間性に対する思慮、レッシングと相通じる理性そのものの明澄さ。高貴な人間。

フィヒテ——熱狂へと高揚された思弁、不可能なことを暴力的に試みること、天才的構想家、道徳的情熱家。彼は極端と不寛容という災禍を呼び起こす作用を放出する。

ヘーゲル——弁証法的思惟形式の修得とその全方位的な完成、思惟のなかでのあらゆる類の内実の覚知、もっとも包括的な西洋的歴史的想起の遂行。

シェリング——倦むことなく究極的なものを思い巡らすこと、不気味な秘密の開示、体系内での挫折、新たな道のりへの開放。

④十九世紀　十九世紀は過渡期であり、解体であり、解体の自覚であり、豊富な素材と科学的な拡がりをもつ。哲学の力は哲学教師のもとで徐々に弱まり、威信のない色褪せた恣意的な体系か、もしくは哲学史へと転じた。哲学史はこの時代になってはじめて、全領域であらゆる歴史的資料に近づくことが可能となったのである。哲学それ自体の力は、同時代人にはほとんど認められない例外者、あるいは科学のなかに生きていた。ドイツの**講壇哲学**は学識豊かであり、勤勉さと熱意に溢れ、包括的ではあるが、その生命は事実上もはや人間としてのエネルギーではなく、市民的文化としての大学世界にもとづいている。そこには教養的価値や善良な真面目さがあると同時に、限界がある。また小フィヒテや、とくにロッツェのような、それなりに重要な人物が、内実ではなくただ教養のゆえに研究されている。

　この時代の**独創的な哲学者**は**キルケゴール**と**ニーチェ**である。二人とも体系をつくらず、二人とも例外者であり、そして犠牲者である。彼らは破局を意識し、誰も聞いたことのない真理を語り、いかなる道も示さない。それまでの人間の歴史において類を見ないほどに苛烈に遂行された自己批判によって、彼らの著作は

〔解体の自覚という〕この時代の特徴を記録している。

キルケゴール――内的行為の諸形式、個人的な決断に対する思想の真面目さ、ヘーゲルに代表される固定化する思惟すべてを再び流動化させること。熱烈なキリスト教的性格。

ニーチェ――果てしない反省、あらゆる事象を打診し問い糾すこと。波立てること、しかし基底を見出さず、つねに新たな不条理に陥る。熱烈な反キリスト教的性格。

近代的諸学問は、その営みの幅というよりは、一個人の人格性のうちに哲学的態度の担い手をもつ。そうした一個人は少なくないが、例として若干の名前を挙げるにとどめておく。

国家的・社会的哲学――**トクヴィル**は、旧体制（アンシャンレジーム）・フランス革命・アメリカ合衆国を社会学的に認識することにより、民主主義へ向かう近代世界の過程を把握した。自由への憂慮や人間の尊厳に対する感覚、さらには権威に対する感覚があった彼は、可能なものと不可能なものについて現実的な問いを提示せずにはいられなかった。彼は第一級の人間であり研究者である。**ローレンツ・フォン・シュタイン**は、一七八九年以降のフランス人の政治的活動と思想を基礎にして、国家と社会に二極化した四〇年代に至るまでの諸々の出来事の連続性を解明した。彼のまなざしはヨーロッパの運命的な問題に向けられていた。この認識を利用したのが**マルクス**で、彼はそれを経済学的構想のなかで展開し、そこにあらゆる既存のものに対する憎悪を混入し、千年王国的な未来目標で満たした。彼は不当に扱われ希望のないすべての国の労働者に対し、彼らを一つの力に参集させる希望の光を灯す必要があると、そしてその力によって経済的‐社会的‐政治的諸状況を転覆させて、万人が平等で自由な世界を創造できると訴えたのである。

歴史哲学――**ランケ**は、包括的な歴史学的直観をはたらかせて、歴史学的・批判的方法を発展させた。彼の直観にはヘーゲルとゲーテの雰囲気が漂い、外見上は哲学を拒否しているにもかかわらず、それ自体で一つの哲学である。**ヤーコプ・ブルクハルト**は、自らをいわば歴史学的教養の使徒であると自覚し、歴史学的な想起がもつ偉大さと幸福感、また安寧や災厄を示した。それらは、世界は終末にあり、ただそのような想起のうちでまだその栄光が授けられるという、彼の厭世的な根本態度にもとづいている。**マックス・ウェーバー**は、一切の囚われをほどき、あらゆる手段をもちいて歴史の事実を研究し、諸々の連関を明確にした。それによって、彼以前の歴史記述のほとんどが曖昧なカテゴリーによる解釈にすぎず、色褪せて不十分なように思われた。ウェーバーは認識と価値づけとの間にある緊張を理論的かつ実践的に発展させた。そして不確実なものや全体的なものを放棄し、現実的な認識をひたすら慎み深く吟味することによって、あらゆる可能性のための空間を創造した。

自然哲学—**カール・エルンスト・フォン・ベーア**は、発見を重ねる研究の途上で、生物がその根本的諸性格のうちに一つの壮大な直観をもつことを認めた。その対極者である**ダーウィン**は、この直観のなかに特定の因果的諸連関を探求したが、その結論において生命が本来的に有する直観を無化することになった。

心理学的哲学——**フェヒナー**は、感覚的知覚における心理的なものと生理的なものとの関係をめぐる方法的実験的研究を基礎づけた（心理生理学）。この関係はしかし、一つの結節点として概念的に展開されたものの、実際はあらゆる生命と事物を息吹かせることを夢見た構想であった。**フロイト**は、キルケゴールとニーチェにおいて高次の形態で与えられた洞察を一般大衆向けに自然主義化・矮小化し、暴露的心理学を推進した。ひとに優しいという形式をとりつつ実際はひとを憎みひとの心を荒廃させるフロイト的世界観は、その時代に相応しいものであり、その時代がもっていた虚飾性が、ここで容赦なく打ち砕かれたのである。しかしその結果、このフロイト的世界があたかも世界一般であるかのようにみなされるようになった。

リストII　中国・インド哲学

①中国哲学

老子（紀元前六世紀）、孔子（紀元前六世紀）、墨子（紀元前五世紀）、荘子（紀元前四世紀）

②インド哲学

『ウパニシャッド』（紀元前十世紀頃―紀元前四世紀頃）、仏教のパーリー経典、『マハーバーラタ』からのテキスト（紀元前一世紀）とくに『バガバッドギーター』、カウティリヤの『実利論』、シャンカラ（八世紀）

これまでの諸々の翻訳や解釈をもちいて**中国・インド哲学**に近づくことはできる。しかし西洋哲学と比べると、中国ならびにインド哲学の総体ははるかに狭い範囲にとどまり、産出力ある人物から派生した僅かな展開をもつにすぎない。われわれにとっては西洋哲学が主たる対象でありつづける。もちろん、アジア的哲学からわれわれが理解するのは、それなしでもわれわれが自らの哲学にもとづいて知り得たものにすぎない、とまではいえない。ほとんどの解釈が西洋的諸範疇をあまりにも多用していること、それゆえにアジアの言語を解しない者にも誤りが感じられるということは、確かである。

中国・インド・西洋という三つの発展が平行しているということは、なるほど歴史学的には正しいが、それによりこの三つすべてに同等の重要さがあると思われるならば、やはりわれわれに偏ったイメージを与える。それはわれわれの実情に即さない。アジア的思惟がわれわれに提供してくれる視点はかけがえのないものではあるが、しかし完全な充実、すなわち現実的にわれわれの魂を息吹かせる内実は、いまだ西洋的思惟から到来していることを見誤ることはできない。ただ西洋的思惟においてのみ、明晰な識別、明確な問題提起、科学への関わり、細部に及ぶ議論、息の長い思想運動というような、われわれに不可欠のことがらが存在する。

リストⅢ　宗教・詩・芸術のうちに隠されている哲学

①宗教――聖書、諸々の宗教史的な読本に集められたテキスト

②詩――ホメロス、アイスキュロス・ソフォクレス・エウリピデス、ダンテ、シェークスピア、ゲーテ、ド

ストエフスキー
③芸術——レオナルド、ミケランジェロ、レンブラント

哲学史において哲学の内実をわがものとするためには、狭い意味での哲学者の著作を精読する以上のことが必要である。諸科学の発展を明晰に理解することのほかに、宗教・詩・芸術に関する上質な作品に感動させられる経験が欠かせない。いつでも異なるジャンルを多読せよということではなく、偉大なものへ向かって、粘り強く、繰り返し繰り返し深めていかねばならない。

五　偉大な著作

一握りの哲学著作がもつ思想的意味は、偉大な芸術作品がそうであるように、無限である。それらの著作においては、著者自身が意識していたこと以上のことが思惟されている。なるほど一般的にみても、あらゆる深い思想のうちには、思惟する者が結論において即座に概観しえないものが備わっている。しかしながら、偉大な哲学のうちにあるのは、無限なものを孕んだ全体性そのものである。それはあらゆる矛盾を抱えながら驚くべき統一性を保ち、そこでは矛盾それ自体が真理の表現となる。それは複雑に絡み合う思想であるが、前景が明晰になることによって、根拠づけられないものが照明される。それは忍耐強く解釈すればするほど看取される、驚嘆すべき著作である。たとえばプラトン、カントの諸著作、ヘーゲルの『精神現象学』のように。しかしそれらの間にも差異はある。プラトンにおいては、均衡のある形式、完結性、方法についての極めて明瞭な知識、哲学的真理を伝達する手段としての芸術の援用、同時にそこで思想の厳しさを失わず思想の彫琢を怠らないことが、じつにはっきりと自覚されている。カントには偉大な実直さがあり、すべての文章が信頼に値し、最高に美しい明晰さをもっている。ヘーゲルの場合は、傍観者的に思惟することを自らに許容するという点で信頼しえないところがあるが、それとひきかえに内実の豊かさ、内実の深さを示す創

造性がある。しかしその創造性はヘーゲル自身の哲学することによって実現されることはなく、むしろ暴力と欺瞞と混じり合い、スコラ哲学的な独断的図式や審美的観照への傾向をもつ。

哲学者は、レベル的にみても性格的にみても、じつにさまざまである。若い時期に一人の偉大な哲学者の研究に身を献げるのか、そしてどの哲学者に身を献げるのか――それは哲学的な生の運命である。

「一つの偉大な著作にはすべてが含まれている」といってよい。一人の偉大な人物の研究に励むことで、ひとは自らを高め、哲学の全領域へ入っていく。上質の生きた著作を根本的に究めることによって中心点が獲得され、この中心点から、あるいはこの中心点に向けて、他のすべての著作が照らし出される。このような著作を研究すれば、他のすべての著作が引き寄せられるのである。それと関連して、哲学史全体についての方向づけが獲得され、少なくとも哲学史には精通するようになり、原典からの短い引用語句で印象をふくらまし、引用語句以外のところも予感する。われわれはただ他の哲学・思想的教養との識別により自らの知の基準というものを得ていくが、〔自らの〕一つの立場を制限なしに深めていくことにより、この知の基準に対する自己批判が保たれる。

どの哲学者を選ぶべきかについて、若いひとへの助言が期待されているかもしれない。だがこの選択は、各人が自ら果たさねばならない。他人ができるのは、示し、注意を喚起するだけである。選択は本質的決断である。試行錯誤の末に選択が生じることもあれば、年を重ねることで、選択の拡がりを経験することもありえよう。それにもかかわらず助言は存在する。古くからの忠告は、プラトンとカントを学ぶべきであり、そうすれば本質的なものはすべて達成される、というものである。私もこの忠告に同意する。

たとえばショーペンハウアーやニーチェの著作のような魅力的な読み物に心奪われることは、選択とはいえない。選択は、自らの自由になる手段すべてを駆使して研究することを意味する。それと同時に、選択は、哲学の偉大な諸現象の一つを起点にして、哲学史の総体に習熟していくことを意味する。このような道へ導くことのない著作は、なるほどいかなる哲学的著作であろうと実地に研究すれば最後にはどうにか実を結ぶとしてもやはり、有益ではない選択である。

それゆえに一人の偉大な哲学者を選択しその著作を研究することは、その哲学者に限定するという意味ではない。反対に、或る偉大なものの研究においては、同時にまたその対極にあるものについても、可能な限り早い段階から向き合う必要がある。囚われは一人の哲学者に限定する結果である――たとえその哲学者がもっとも囚われなき哲学者であるとしても。哲学することにおいては、いかなる人間の神格化も、一人の人間を唯一の人間に高めることも、他を排除するような巨匠《マイスター》的存在も認められない。いやそれだけではなく、哲学することの意味はむしろ、均一化された抽象的真理一般としての全体的真理ではなく、高次の現実化のなかで多様化する全体的真理のために自らを開くことである。

訳語解説

ヤスパース哲学になじみのない読者のために、本文の叙述のみでは不十分と思われる訳語について、必要と思われる簡単な解説を試みた。原語のあとの（ ）内の数字は本文のページ数を表わす。

愛の戦い liebender Kampf（一四など） 最も深い真の交わりである実存的交わりは、互いに明らかにしあおうとする愛に発するものであるが、かけがえのない単独者間の交わりとしては相互に疑問視しあう戦いとならざるをえないという意味で、「愛の戦い」として遂行される。「**戦いながらの愛 kämpfende Liebe**」も同じ。

暗号 Chiffer（三六、五一など） 可能的実存としての人間がもろもろの事象や表象などのうちに読みとり聞きとる超越者の「言葉」。対象としては捉えられぬ超越者のあらわれを示す最小限の浮動的対象性とも言うことができる。暗号を通ずる超越者の感得が哲学の窮極の場面だと考えられている。

限界状況 Grenzsituation（二〇、二三） それに遭遇して挫折せざるをえないような、のりこえがたく免れがたい状況。『哲学』では、限界状況の開明による可能的実存への飛躍、それの現実的経験による現実的実存への飛躍ということが説かれている。

現象性 Erscheinungshaftigkeit（八二など） 一切のものがわれわれにとっての単なる現象にすぎないということ。

現存在 Dasein（三三など） 多くは包越者の一様態としての現存在、つまり、おのれの関係する環境界をまきこんで生命と幸福と力とを求めつつ今ここで生きてゆく直接的人間のこと。ただし、研究の対象となる人間のあり方のすべてや、そうした人間をも含む眼前の世界という意味で、現存在ないし世界現存在の語が用いられることがある。
実存 Existenz（六五など）　ヤスパースの考える実存の特性は、現実的であると同時に真実であるような自己であること、交わりにおけるものであること、それ自身超越性をもち超越者と関係すること、といった点にあると解される。そして、こうした点をつうじてもまた、それが理性と不可分のものと考えられることが決定的に重要である。
実存開明 Existenzerhellung（一三〇）　知的理解や概念的把握を超えた実存に関して、現存在と実存の異質性や実存への飛躍の道を、実存範疇とも言うべき交わり、歴史性、自由、限界状況、絶対意識、無制約的行為などをつうじて示そうとするもの。主著『哲学』第二巻の主題。
聖書宗教 biblische Religion（一一三）　無限の内容を含んだ聖書そのものにみられる包括的宗教のこと。ユダヤ教やキリスト教などもそのひとつの現象形態とみられるような全体的理念的な意味での宗教。
贈与される geschenkt werden（六七など）　人間には、自己にかかわりつつ自己になるというおのれの自由およびこの自由によって生成する自己存在が、自分で創造したものでなく、客観的な知を超越したもの（超越者、力、運命）から贈り与えられたものと感じられざるをえない。実存と自由には超越的なものによる贈与という意識が伴わざるをえないと考えられるわけである。
超越者 Transzendenz（七三など）　客観的対象的に知ることのできる内在的なものを超越したものとして感得され確信されるもの。神、神性、本来的現実性、包越者そのものなどとも呼ばれうるが、特定の啓示の神などには限定されぬ隠れたもので、ただ、それを感得しうる実存の一者性に応じた一者であることのみが強調される。
哲学的根本操作 philosophische Grundoperation（三二など）　通常の思考を絶した包越者を確認するための思惟の手続きのことで、『理性と実存』などでは、われわれの思惟の免れがたい地平という観点から、すべての地平を包摂していてそれ自身はもはやいかなる地平でもないような包越者の覚知への道が、本書(主客分裂をつうずる手続き)とは別の手続きとして示されている。

哲学的信仰 philosophischer Glaube(六九など) 特定の啓示を信じる啓示信仰と現代ニヒリズムとの中間での、哲学的思考そのものに伴う信仰として、『理性と実存』以後、包越者論を基礎とする哲学的論理学とならんで哲学の中心領域をなすものとなったもの。可能的実存による超越者の確信が本来的信仰と解されるから、こうした信仰は哲学そのものの本質に属するものと解される。

包越者 Das Umgreifende(三〇〜など) 哲学の中心問題である「存在」を表現するものとして『理性と実存』ではじめて提出され、それ以後の彼の全哲学の基盤をなす概念。人間存在と人間にとっての一切の存在とを、一なる存在との関連において方法的組織的に開明するために構成されたものと解される。「包括者」とも訳されている。

包越者の諸様態 Weisen des Umgreifenden(三二など) 一なる包越者の内容を知ろうとする場合にわれわれに現われてくる包越者の分裂した姿。実質的には、人間にとって知られる一切の存在者の存在の諸相。これら諸様態が独自のものでありつつ相関をもつこと、分裂したものでありつつなお包越者という意味をもつこと、ヤスパース自身の区別が相対的歴史的なものと自覚されていること、などの点に留意すべきであろう。

交わり Kommunikation(二四〜など) 一般的には人間相互の関連交渉のことであるが、強調されるのは、本来的自己が他者とともに知られ実現されるような「実存の交わり」または「実存的交わり」であり、この深い真の交わりと広い一般的な交わりとの相関も、包越者の諸様態の相関にもとづいて説かれている。「通心」とか「交通」とも訳される。

無制約的行為 Unbedingte Handlung(五三) 有限な目的などに制約されることのない、それ自身として意義ある行為。無制約性 Unbedingtheit(五七〜など)をもつ状況と意識として、『哲学』では限界状況と絶対意識があげられている。

夜への情熱 Leidenschaft zur Nacht（九四）　一切の相対的な秩序や調和を破壊してゆく情熱。『哲学』では、その背後に、窮極的なものへの憧れを秘める点で「**昼の法則 Gesetz des Tages**」（九四）と両極的緊張関係をなすとされ、この両者の関係が、超越者への実存的関係のひとつとされている。

理性 Vernunft　論理的には、種々の相関関係にある包越者の諸様態を結合する「**紐帯 Band**」と規定されるが、「**聞きとること Vernehmen**」という元来の意味が重視されていて、より根本的には、一切の他者に身を開いて聞きとるという根本態勢、根本能度を意味すると解される。交わり意志や統一への意志をもつものとされ、実存と相即すると考えられている。

ヤスパース略年譜

一八八三年　二月、ドイツ西北部のオルデンブルク市に生まれる。「海」に無限なもの超越的なものを感じつつ成長。
一八九二年　ギムナジウム入学。最終学年のころ学校当局と対立し、孤独や人間の有限性を体験する。
一九〇一年　春、幼時からの病いが気管支拡張症と診断される。秋、法科生としてハイデルベルク大学に入学。
一九〇二年　ミュンヘン大学に移る。秋、医学への転進を決意。
一九〇六年　医学生として、ベルリン（〇二～〇三年）、ゲッチンゲン（〇三～〇六年）の大学を経て、ハイデルベルク大学に戻る。
一九〇七年　E・マイヤーとその姉ゲルトルートを知り、実存的というべき交わりと愛を体験。
一九〇九年　医師免許取得。M・ウェーバーを知り絶大な影響を受ける。
一九一〇年　ゲルトルート・マイヤーと結婚。
一九一三年　『精神病理学総論』出版、心理学の教授資格取得。はじめてキルケゴールを読む。
一九一九年　『世界観の心理学』出版。
一九二〇年　M・ウェーバーの死を直接の動機として哲学への転進を決意。ハイデルベルク大学哲学部員外教授（二二年正教授）。
一九二三年　『大学の理念』出版。
一九三一年　『現代の精神的状況』と主著『哲学』出版。
一九三三年　ナチス政権成立、以後、徐々に抑圧を受ける。
一九三五年　『理性と実存』出版。

一九三六年　『ニーチェ』出版。
一九三七年　ナチスにより、教授職から追放される。
一九三八年　『実存哲学』出版。以後、出版を禁じられる――ユダヤ人の妻ゲルトルートとの離婚を拒否したため。
一九四五年　ドイツ敗戦後、復職してハイデルベルク大学再開に尽力。哲学部で講演「責罪論」（翌年出版）。
一九四七年　『真理について』出版。バーゼル大学での招聘講義「哲学的信仰」（翌年出版）。
一九四八年　バーゼル大学に移る。
一九四九年　『歴史の根源と目標』出版。バーゼル放送で講演「哲学入門」（翌年出版）。
一九五一年　講演・論文集『弁明と展望』出版。
一九五四年　『非神話化の問題』（ブルトマンと共著）出版。
一九五五年　『シェリング』出版。
一九五七年　『大哲学者・第一巻』出版。
一九五八年　『原子爆弾と人類の将来』および講演論文集『哲学と世界』出版。
一九六一年　バーゼル大学退職。
一九六二年　『啓示に直面せる哲学的信仰』出版。
一九六四年　バイエルン放送で連続講演「哲学的思索の小さな学校」（翌年出版）。
一九六六年　『連邦共和国はどこへ行く』出版。
一九六七年　自伝的作品『運命と意志』（H・ザーナー編）出版。
一九六八年　哲学史関係論文集『同化と論争』（H・ザーナー編）出版。
一九六九年　二月死去。対話会見集『根源的に問う』出版（H・ザーナー編）。

「あとがき」に代えて――ヤスパース哲学の再発見に向けて――

中山剛史

本書は、ヤスパース『哲学とは何か』林田新二訳（白水社、一九八六年）の中から、『哲学入門』の部分を抜粋して、このたび新版として刊行するものである。

現在、ヨーロッパでは批判校訂版のカール・ヤスパース全集（*Karl-Jaspers-Gesamtausgabe*, Schwabe Verlag, Basel：以下、KJGと略記）がスイスのシュヴァーベ社から刊行されつつある。公刊著作、遺稿、書簡も含めると全五〇巻に及ぶ壮大なプロジェクトである。こうした動向も踏まえて、このたび日本ヤスパース協会がヤスパース全集とは別個な形でヤスパースの著作の新訳を刊行することになった。まずは『実存哲学』・『理性と実存』・『歴史の根源と目標』などの新訳を順次刊行する予定であるが、それと連動するかたちで、ヤスパースの名著『哲学入門』も林田新二訳で刊行することになった。

『哲学入門』（Karl Jaspers, *Einführung in die Philosophie, Zwölf Radiovorträge*, Artemis Verlag, Zürich, 1950）は、ヤスパースが一九四九年秋にスイスのバーゼル放送局で行った全一二回のラジオ講演『哲学入門』にもとづいて、翌年に刊行されたものである。この著作は、ヤスパースの数ある著作の中でも最も人口に膾炙しているものであり、大いに好評を博し、ドイツ語で三〇刷以上の版を重ね、世界で二〇カ国近くの言語に翻訳されている。日本でも、草薙正夫訳の新潮文庫刊（一九五四年）の翻訳がロングセラーとなっている。しかし、この『哲学入門』には実はもう一つ別の邦訳があることはあまり知られていない。ヤスパースの晩年の助手を務め、ヤスパース研究の第一人者であるハンス・ザーナーがヤスパースの既刊の論著の中から数編を選び出し編纂した『哲学とは何か』（Karl Jaspers, *Was ist Philosophie? Ein Lesebuch*, Textauswahl und Zusammenstellung von Hans Saner, Piper, 1976）の中にも『哲学入門』は収録されているのだが、この著作は林田新二先生によって一九八六年に訳出され、白水社から刊行されている。訳者の林田新二先生は日本を代表するヤスパース研究の第一人者で日本ヤスパース協会の元理事長でもあられ、著書『ヤスパースの実存哲学』（弘文堂）、ヤスパース『真理について1』（理想社）、『運命と意志――自伝的作品』（以文社）、『哲学的信仰』（理想社、監訳）などの翻訳によって、長年にわたり日本のヤスパース研究に多大な貢献をしてこられた。その訳文は簡潔で明快であり、読みやすさの点でも定評がある。このたび訳者からの同意を得て、林田訳の『哲学入門』を刊行することになったのは、一般に知られている草薙訳とはまた違った色彩の訳文によってこのヤスパースの名著が生き生きと蘇ることを願ってのことである。兼ねてより日本ヤスパース協会内でも林田訳を新版として刊行することを望む声があった。本書を通じて、いまやとかく見過ごされがちなヤスパース哲学の意義を再発見することの機縁となれば幸甚である。

なお、『哲学とは何か』の中では収録されていなかった『哲学入門』の「付録」の部分は、同書の原典から新たに大沢啓徳氏が訳出したものである。また、このたびの刊行に当たっては、誤植等に必要最小限の訂正を加え、典拠情報に関する補足などを行った。これまで不明であった典拠を明らかにする際には、早稲田大学名誉教授佐藤真理人先生にご協力いただいた。この場を借りて、御礼申し上げたい。『哲学とは何か』では、各章の中の小見出しが省略されていたが、このたびは、『哲学入門』の原典の目次に基づいて、該当箇所に小見出しを入れることにした。なお、訳語解説と略年譜は、『哲学とは何か』の巻末に掲載されているものに、中山が改訂を加えたものである。

以下、本書の内容について、簡単な解説を試みることにしたい。〔（）内の数字は本文のページを表示する〕

解題――ヤスパース『哲学入門』への入門

本書はヤスパースによる哲学への入門書であるのみならず、ヤスパース自身によるヤスパース哲学への入門書であると言ってよいだろう。

「哲学とは何か?」という問いに対する見解は一致しないが、ヤスパースにとって、哲学は科学とは異なる固有の根源に根ざすものであり、利害関心や目的に捉われない根源的な思考であり、子どもの問いにさえも哲学が見出しうるとされる。哲学は、「簡潔で人を動かす思想という形で、あらゆる人間を、子供をさえ感動させることができる」(一四)ものであり、「いかなる科学的認識にもましてわれわれを感動させるような真理」(八)を探究し、われわれを本質的なものへと目覚めさせるような内的行為にほかならない。こうした哲学することの根源は、プラトンやアリストテレスの言うように「驚き」(一七)であり、またデカルトの言うように「懐疑」(同)であるとともに、決定的には「人間の受ける衝撃」(同)であると言われる。西田幾多郎も哲学の最も深い動機は「深い人生の悲哀」であると言っているが、ヤスパースのいう「人間の受ける衝撃」とは、有限な人間の弱さや無力さの自覚であり、死・苦悩・闘争・責罪・世界の不確かさなどといったわれわれが逃れることのできない「限界状況」の衝撃にほかならない。こうした限界状況に突き当たった時に、われわれが挫折をいかに経験するか、またそこにおいて絶望し、再生することによっていかにして「存在意識の変革」による実存的な飛翔を見出すかが問われているのである。このように、ヤスパースにとって哲学とは、単なる知的な営みにとどまらず、われわれに自己存在の覚醒と飛翔をもたらすものなのである。こうした人間であることの最高の飛翔の可能性という意味において、「人間であることということは人間になること」(七六)であると言いうるだろう。「真理の所有ではなく真理の探究にこそ哲学の本質がある」(一二)という一節があるが、ヤスパースの場合、そうした真理の探究には実存的で主体的な真理の希求という要素も含まれているとみてよいであろう。いずれにしても、哲学は「常にあらゆる人に対して開かれているし、およそ人間が生きるところには何らかの形で哲学が存在する」(一三四)のである。

われわれの現実生活においては「日々の要請に従うこと」(一二三)がまず重要であるが、しかし単に日々の生活に没入してしまうことが「すでに自己忘却に至る道でありしたがって怠慢であり罪責でもあることに気づくこと」(一二四)、そしてそうした自己忘却から目覚めて、自分が何者であり、何をなすべきかを自覚することが「哲学的生活態度」(一二二)に通じているとヤスパースは考える。哲学的生活においては、孤独な内省や瞑想の道と、他者との交わりの道がいずれも不可欠である。ヤスパースの哲学が「自己存在と自己存在とを心の底で結びつけるような愛の戦い」(二七)にもとづく「交わり」を重視するものであることは言うまでもないが、他方において、日々の自己反省に加えて、存在そのものに触れるような深い哲学的な瞑想が重視されているのである。こうした瞑想は、「本質的なものに触れるような時間や瞬間」(一二四)に生じ、日々の生活の根底を支える「根本的気分」(一二七)を現出させるものであるが、それは存在の根拠の深みにまで達するものであり、「私が生きる根拠、しかもよりよく生きることのできる根拠」(同)であるところの「包越者」(「包括者」とも訳される)を内面的に覚知させるものである。

では、「包越者」とは何か。包越者とは、「全体としての存在」、「存在そのもの」、「本来的な存在」にほかならない。われわれは対象(客体)としての特定の存在者を存在そのものとみなしてしまいがちである。しかし、あらゆる対象的な存在者は、主客分裂というわれわれの意識の根本事実の中で、われわれ(主観)にとって現れる対象(客観)にすぎない。これに対して、ヤスパースにとっては、存在そのものはあらゆる対象性を超えた主客を越え包む「包越者(das Umgreifende 包括者)」にほかならない。たえず主客分裂のうちにあるわれわれは、包越者を対象的に認識することはできず、主客分裂を包み込む包越者はあくまで背景にとどまるのであって、対象的な知の限界において覚知され、感得されうるものなのである。ヤスパースは、こうした包越者の諸様態として、現存在・意識一般・精神・実存・世界・超越者を挙げているが、究極的な包越者は本来的自己存在としての「実存」が連関する本来的現実としての「超越者」(一般向けに「神」とも換言される)であるといえよう。いずれにしても、包越者を確認するための哲学的根本操作は、われわれを対象知から解放し、悟性による対象的な思惟を挫折させ、われわれに「存在意識の変革」(三二)を迫るのである。古来より、あらゆる対象も自我も消滅するなかで、主客分裂を超え包む本来的存在としての包越者と端的に一体となるような体験がさまざまな神秘主義において語られてきた。しかしヤスパースは、神秘主義のような包越者との直接的な合一の道ではなく、主客分裂を免れないこの世界における有限的な事物や出来事を通じて、本来的現実としての超越者である包越者がわれわれに語りかけてくるという実存的な暗号解読の根本経験を重視する。いずれにしても、存在意識の変革を通じての包越者への飛翔にヤスパースの哲学の意図があるのであり、包越者による「導き」がわれわれの生に意味と指針を与えるものとされるのである。こうした主客分裂を包み込む包越者という発想は、ヤスパース独自のものであり、傾聴に値するものと言えよう。ちなみに、西田幾多郎もヤスパースの「包むもの」（包越者・包括者）の思想をみずからの「場所」の思想と類縁的なものであることを指摘している点は注目すべきであろう（新版『西田幾多郎全集』岩波書店、第一〇巻、一四六頁）。

こうした包越者の思想を踏まえると、ヤスパースが超越者としての「神」を語るときにも、そこではキリスト教的な父なる神としての人格神ではなく、主客分裂を超え包む包越者という意味での超越者――「あらゆる包越者の包越者」――が問題になっているのである。ヤスパースの哲学のうちには、ギリシア哲学以来の偉大な哲学者たちの伝統と並んで、たしかに聖書宗教による影響が強くみられるのは言うまでもない。ヤスパースがあらゆるものの挫折と破滅にもかかわらず、「神が存在する」（三九）と強調するとき、旧約聖書のエレミアの言葉が引用されているが、ナチスによる恐怖政治の時代、ユダヤ人の妻ゲルトルートとともに身に迫る危険の中で、ヤスパースは旧約聖書を改めて徹底的に読み直し、とくにエレミアの言葉に強く感銘を受け、限界状況の中で生きるよすがにしている（KJG II-1, XXVI）。しかし、ヤスパースにとって重要であったのは、ユダヤ‐キリスト教的な神を超えて、あらゆる人間に開かれた超越的なものとの根源的な結びつきにおける、いわば「実存の経験する根本経験」（八八）であると言うことができるのではなかろうか。ここにおいて鍵となるのは「自由」であろう。ヤスパースのいう「自由」とは、単なる恣意的な自己決定を意味するのではなく、

「かくなさざるをえない」という実存的な内的必然から生ずる主体的な決断を意味する。実存的な自由の極みにおいては、あたかも「神の導き」であるかのように感じられるような〈私はこのように欲せざるをえない〉という、単なる主体性を超えた大いなる受動性もしくは被贈性がともなうことにヤスパースは注目する。「私は私の自由において……贈与されたものである」（四五）と言われ、「最高の自由は……超越者に結び合わされている」（四六）ことだと言われているのは、まさに自由における実存的な根本経験に根ざしているからなのである。こうした自由における神意識のうちに「おのれの自己存在の不可思議さ」（同）があるのであり、「生の高み」（四八）と「生の意義」（同）とがあると言いうるだろう。ヤスパースが一回限りの状況のうちで語りかける「神の言葉」（八五）や自己の内面において現れる「無制約的な要請」（五三）を話題にするのもまさしくそうした根本経験に基づいているのである。このように、ヤスパースの哲学はある意味で、きわめて宗教色の強い哲学であるということは否めない。ただし、精神病理学者という科学者出身であったヤスパースは、科学の重要性とその意義を十分に踏まえているのであり、そのうえで科学的認識の限界点において、人間が対象的な思惟を超越し、いわば実存的な飛翔をなしうることを強調しているのである。

「哲学することが死を学ぶことである」（一二八）というのは、ソクラテス以来重要なモチーフであるが、「死ぬことができること」という独立不羈の確固たる態度で生きる「内的な独立性」（一一二）を獲得しうるためには、そしてまた、「世界の内にあると同時に外にある」（一一八）という二重の世界内存在を生きることができるためには、私が生きる根拠としての無制約的なものへの確固たる確信に根ざすいわば「哲学的信仰」（六九）が必要となる。その意味では、本書は一九四八年の『哲学的信仰』と多くの共通点をもつと言えよう。さらに、こうした「哲学的信仰」の中核は、スイスのシュヴァーベ社で刊行されつつあるカール・ヤスパース全集のII－1『哲学することの根本諸原則』という一九四二／一九四三年に書かれた浩瀚な遺稿の第一部「哲学的な信仰の諸内実」（KJG II-1, 25-82）に遡源する。『哲学入門』の中盤である第四章から第八章で述べられている哲学的信仰の五つの命題、すなわち、「神は存在する」、「無制約的な要請がある」、「人間は有限であり未完成である」、「人間は神の導きのもとで生きることができる」、「世界という実在は神と実存との中間で影のうすい現存を保っている」（八八）という諸命題については、遺稿のこの箇所で詳述されている。この遺稿は、ヤスパースの「哲学的信仰」の思想、および『哲学入門』という著作の生成過程を解明するうえで手がかりとなるであろう。こうした哲学的信仰の実存的内実は、単なる悟性の合理性にのみもとづく「誤れる啓蒙」（九二）によって論証されたり反駁されたりするものではなく、むしろ悟性を超えた「理性」にもとづく「真の啓蒙」（同）によって開明され、想起されるものであるといえよう。

いずれにしても、これらの諸命題を見ると、ヤスパースの哲学は一見キリスト教的な信仰にもとづく実存哲学であるかのように見える。しかし、サルトルのようにヤスパースをキリスト教的実存主義者とみなすのは正しくない。たしかにヤスパースの哲学的信仰が旧約・新約を含めた聖書宗教の伝統にも根ざしていることは否定できないが、それはまたギリシア哲学以来の哲学の伝統を継承しているのであり、「死ぬことができること」という観点からみれば、ソクラテスもボエティウスもジョルダーノ・ブルーノも哲学的信仰の体現者なのである。さらに哲学的信仰は、イエス・キリストにのみ唯一・一回的な神の啓示を認めるような「啓示信仰」とは本質的に区別されるものであり、いわば一人一人の個人がそのつど一回限りの状況において、自己の固有の根源にもとづいて唯一無二の仕方で隠れた超越者の暗号を読みとるというものである。こうしたヤスパースの哲学的信仰は、西洋の哲学と聖書宗教の伝統に深く根ざしていることは否定できないが、同時にそれは「世界哲学」へと開かれている。永遠的なものとの繋がりにおいて生きるという根本経験は、西洋の伝統にのみ限局されるものではない。『偉大な哲学者たち』（一九五七年）の中では、孔子、老子、仏陀、龍樹などの東洋の偉大な思想家たちも視野に収められている。孔子における「天命」や老子の「道」、仏教の「無」や「空」に対してもヤスパースは敬意を抱いているのである。

第九講の「人間の歴史」は『歴史の根源と目標』（一九四九年）で開陳されたヤスパースの歴史哲学の概要であるが、とくに「枢軸時代」（一〇二）の概念は重要である。紀元前八〇〇年から紀元前二〇〇年に至る時代において、中国、インド、パレスチナ、ギリシアなどで人類の精神的な覚醒が生じ、人類が今日に至るまで糧としているような精神的基礎が生み出されたとされる。いわばここに人間存在の至高の現実が出現したと言いうるが、彼らに共通しているのは、「おのれ自身や世界をこえ出ておのれを高める基礎となるような根源を、おのれの内面に発見した」（一〇四）という点であろう。こうした根源こそ、永遠的なものとのかかわりに根ざす実存の無制約性と呼ばれるあり方にほかならないだろう。現代の科学‐技術の時代を生きるわれわれは伝統から切り離され、恐るべき破局に直面した時代にあると言いうるかもしれないが、枢軸時代の回想と取り戻しによって、新たな枢軸時代に向かって進んでいくことができるかどうかはわれわれ自身にかかっているのではなかろうか。他方において、歴史の目標として「人類の統一」（一〇九）が示唆されているが、それは「歴史的に相異なる人々が……完結することのない対話による無制限の交わりをおし進めてゆく過程でのみ獲得されうる統一」（同）であると言われている。これはグローバル化した世界の中でさまざまな分断があらわになっている現代において、それらを克服して相異なる異質な文化や価値観や信仰をもつ人々が不断の対話を通じて、相互の相違を尊重しつつ、相互に結び合うような人類の多元的統一への道標となる理念と言いうるのではなかろうか。

以上、ごく簡単に、本書のいくつかのモチーフについて言及してきたが、いまやあまり注目を集めることのないヤスパースの哲学のうちから、いわば黄金の宝を再発見することがわれわれには求められているのである。二〇一九年にヤスパースの没後五〇年を迎えたが、ヤスパースの哲学は、決して忘却の彼方へと追いやられるべきではなく、ありありと想起され、呼び戻され、現代および未来においてわれわれに指針を与えるべく、再びわがものとされなければならないのではなかろうか。『哲学入門』の林田訳は二十一世紀の今もなお、少しも古くなっていないのであり、こうしたヤスパース哲学の「復活」に対して大きく寄与することであろう。

【訳者略歴】

林田新二（はやしだ　しんじ）

一九二九年生

東京大学大学院人文科学研究科修了

電気通信大学名誉教授

主要著書

『ヤスパースの実存哲学』（弘文堂）

『カール・ヤスパース――その人と思想』（塙書房）

『実存的倫理学の構想』（セイコー企画）

主要訳書

ヤスパース『イエスとアウグスティヌス』（理想社）

『真理について１』（理想社）

『運命と意志――自伝的作品』（以文社）

『哲学への道』（以文社、共訳）

『哲学的信仰』（理想社、監訳）

シェーラー『価値の転倒（上）』（白水社、共訳）

付録訳

大沢啓徳（おおさわ　ひろのり）　現在　日本大学、立教大学ほか非常勤講師

「あとがき」に代えて

中山剛史（なかやま　つよし）　現在　玉川大学リベラルアーツ学部教授

リベルタス学術叢書 第9巻

新版 哲学入門

二〇二〇年一二月一〇日 第一刷発行
二〇二四年三月九日 第二刷発行

著 者 カール・ヤスパース
訳 者 ©林田 新二
発行者 眞田 範幸
発行所 リベルタス出版
〒一六六-〇〇〇三
東京都杉並区高円寺南一-一〇-一八
(株)リベルタス内
電話：〇三-三三一一-二六一二
http://www.libertas-pub.com

編 集 瀬戸井厚子
組 版 延里 達也
印刷・製本 モリモト印刷株式会社

ISBN 978-4-905208-10-5 C3010
落丁本・乱丁本はお取り換えいたします。